日垣 隆

秘密とウソと報道

GS 幻冬

まえがき

ここのところ、出版界にはあまり明るいニュースがない。

二〇〇八年には、「現代」「論座」「月刊PLAYBOY」といった月刊誌が相次いで休刊していった。いずれも講談社、朝日新聞、集英社という大会社の看板雑誌だ。月刊誌だけでなく、新聞社の週刊誌「読売ウイークリー」も歴史に幕を下ろした。

二〇〇九年に入ってからも、文藝春秋のオピニオン誌「諸君！」などの休刊が続く。さらにこのたび、「世界」と「サンデー毎日」の休刊も決まったそうだ。

今のは冗談です。けれども、なぜ赤字雑誌の刊行がまるで国営のごとく続いているのか、不思議な現象ではある。

資本主義というのは公平に見て、打倒の対象でも憎悪の対象でもない。

不健康や暴走は必ずあるので点検を怠らず、絶えず手術をしつつ改善を心がけるべきだが、資本主義は国民全体が飢餓と縁を切る巨大な経済装置であり、個々の経営体におけるサスティナビリティ（継続可能性）の分水嶺《ぶんすいれい》は、黒字であるかどうかにかかっている。これは小学生にもわかる道理だろう。

だが、ジャーナリズムの世界ではこの単純なことが理解できないまま、次々と早死にしていく個人や媒体があとを絶たない。その才能がもったいない――と愚鈍な私は心から思う。

「論座」と「月刊PLAYBOY」がまったく同じ事情で休刊になったわけではないだろうけれども、とにかく雑誌メディアが危機に瀕していることは確かだ。

私は多様な意見があったほうが圧倒的に良いと思うし、思想的立場がかなり異なる「週刊金曜日」や「世界」にもがんばってもらいたい。というより、多様な雑誌群がなくなってしまっては言論の健全さや官僚政治の暴走にとって非常に良くないと確信している。

ただし、人間と同じく、週刊誌や月刊誌にも必ず寿命はある。なくなっていく雑誌がある一方で、新たに誕生している雑誌があることも事実だ。

死んでから蘇生を図るよりも、いつか死ぬことを自覚しつつも、長く、おもしろく、飛行を続けることを早い時期から工夫し続けたいと深く念じる。

私の同業者たちは、出版界の現状について一様に危機感を強めているようだ。危機感を覚えているようでありながら、ちょっとうれしそうに見えてしまうのは不思議だ。とりあえず「反権力」で固まっておけば、彼らは元気になれるのだろう。

「名誉毀損《きそん》裁判の高額化は、雑誌メディアへの弾圧だ」

「デモをして原稿料のアップを勝ち取ろう」

出版にまつわるシンポジウムを聴きに行くと、登壇者は必ずこういう言葉を口にする。残念なことだ、と思う。そういう問題ではないのだ。歴史に学び、世界にも学ぼう。


新聞の社説は、なぜあんなにつまらないのか。

そもそも、新聞は昔から偉そうな存在だったのか。

情報源を秘匿《ひとく》する意味とは。

雑誌も新聞もなぜ誤報を飛ばしてしまうのだろう。

名誉毀損裁判の高額化は本当に理不尽なのか。

情を通じて取材し逮捕された人は何を間違えたのか。


素朴な疑問に立ち返り、秘密とウソと報道について、じっくり考えてみた次第である。

私の分析や展望には、前述したような業界閉鎖的シンポジウムで論じられるような視点はほとんどない。もし同業者などから意味のある異論反論があったら、議論に応じてもよいけれど、まず時代状況に対して先に目を覚ましてからお声をかけていただけると幸いだ。

日垣　隆

秘密とウソと報道／目次

第一章

「正義」のイヤらしさ

六八歳でもモテる理由こそ知りたい

二〇〇九年五月一三日、自民党の鴻池祥肇《こうのいけよしただ》氏が官房副長官を辞任した。理由は女性問題だ。熱海で愛人とゴルフ旅行をしていたことが、「週刊新潮」（二〇〇九年五月二一日号）で報道されてしまったのである。二人は共に既婚者だ。

鴻池氏は四カ月前の「週刊新潮」（二〇〇九年一月二二日号）でも、同じ愛人との不倫スキャンダルを報じられている。議員宿舎に愛人を連れこみ、寝泊りさせているニュースがバラされてしまったのだ。最初のスキャンダルのときには「天地神明に誓って」男女の関係にはないと否定し、官房副長官辞任には至らなかった。今回は、愛人との不倫旅行だったことをご本人も認めている。こうして彼は官房副長官を辞任したうえ、自民党兵庫県連から除籍処分までされてしまった。

鴻池氏は熱海へ出かける際、国会議員に支給されるＪＲのフリーパスを使って新幹線に乗った。このフリーパスを使えば、グリーン車だろうが寝台車だろうがタダでいくらでも乗れてしまう。新聞の論調を見ると、そのことが税金の無駄使いだという言い方だった。

ＪＲのフリーパスは、タテマエとしては議員活動のみにしか使ってはいけないことになっている。しかし現実には、身内の冠婚葬祭に出るために使っている人も多いだろう。議員活動とまったく関係なく、ただの私用だったとしても、今までは咎《とが》められたケースはないのではないか。

鴻池さんが問題にされてしまったのは、要は愛人とのゴルフ旅行だったからだ。それが「税金の無駄使いではないか」という論調になってしまうのは、新聞記者としては、そのほうが真面目に記事を書きやすいからだろう。しかし、「税金の無駄使い」では読者が本当に知りたいことは伝わらない。

一体なぜ鴻池氏は、一万〜二万円程度の新幹線代をケチってしまったのだろうか。官房副長官ともなれば、総額で数十億円とも言われる官房機密費を自由に使えるはずだ。特権階級のわりには、どうもケチくさい。

私にとっては「鴻池氏はなぜこんなにモテるのか」が一番の疑問だ。残念ながら、まだ誰もその疑問を解いてはくれない。おカネをたくさんもっているからなのか。おいしいレストランや料亭をたくさん知っているからなのか。「週刊新潮」の報道を見るかぎり、鴻池氏が女性を強引に連れ回しているというわけでもないらしい。二〇歳以上年齢の離れた女性とは、もう四年近いつきあいになるそうだ。一九四〇年生まれ、七〇歳を手前にして元気ハツラツすぎないか。

鴻池氏がモテる謎を解き明かした記事は、今のところどこの新聞でも週刊誌でも読んだことがない。「アサヒ芸能」（正式名称は「週刊アサヒ芸能」）にはぜひ、「鴻池前官房副長官が指南！　カレセンでモテる極意!!」という独占インタビューを期待したい。

私はそういう視点は大アリだと思うが、新聞は相変わらずドッシリ構えて「税金の無駄使い」という論調で終わってしまう。

伊藤博文のお妾遍歴を暴く明治時代の新聞

このような事件で、新聞に「もうすぐ古希を迎えるのに元気なことだ」「どうすれば、年を取ってもあれだけモテるのか」といった社説が出ることはない。

新聞とは、昔から今のように偉そうな存在だったのだろうか。

一八九二年（明治二五年）、黒岩涙香《るいこう》が「萬朝報《よろずちょうほう》」という新聞を創刊した。明治後半から大正時代にかけて東京で一番よく読まれていた新聞だ。「萬朝報」（明治三一年七月七日付）一面を見ると、「蓄妾《ちくしょう》の実例」がでかでかと紹介されている。「蓄妾」とは、お妾《めかけ》さんを囲っているという意味である。

すごい二字熟語だ。

記事の一部を紹介しよう（引用は現代語訳）。

《医師・原田貞吉　日本橋区蛎殻《かきがら》町二丁目一四番地の同人は、藤井ひさ（二七歳）という妾を濱町一丁目一一番地の原田潮《ちょう》方に置く。この潮はひさの腹にできた子であり、明治二七年に生まれる。また、ひさの素性はよくわからないが、和泉国日根郡孝子村一二一番地藤井寂勝の長女といえば、あるいは坊主の娘か》

住所の番地までバッチリ報じているのだからすごい。

ほかにも、前法務大臣や樽問屋、千住町長など合計七人の「蓄妾の実例」を挙げている。こんなニュースを、東京一の新聞が一面で書いているのだ。

蓄妾特集は、その後も連日続く。

七月九日付の一面を見ると、森鷗外や芝公園常行院住職、中井銀行頭取に司法次官……と、多士済々が実名で報道されている。七月一三日付では、「大勲位侯爵《だいくんいこうしゃく》伊藤博文」も槍玉に挙げられていた（引用は現代語訳。［　］内は筆者注、以下同）。

《芝区伊皿子町六五番地に田村半助なる男がいた。古くから土木請負のために侯爵家［＝伊藤博文の家］に出入りするものだった。その縁故によって、同人の長女・喜勢子はかつて侯爵の妾となって非常な寵愛《ちょうあい》を受け、麻布長坂町一番地に壮麗なる邸宅を新築してもらい、そこに住んでいた。喜勢子が病気にかかって明治二六年中にこの世を去ると、侯爵は非常に落胆したが、さらにその次の妹であるつね子という美人を手に入れ、喜勢子のことを打ち忘れるまでに喜んでいた。ただ、このつね子もまた昨年［＝明治三〇年］一二月に一九歳を一期［＝一生涯］として死去してしまうと侯爵はまたまた非常に落胆したが、さらにその後にはその次の妹・雪子といって本年一六歳になる美人がいることに力を得て（略）》

大勲位侯爵は、つくづく飽き足りない。その飽き足りなさを事細かに報じてしまう「萬朝報」も、かなり飽き足りない口だ。

かつて新聞は週刊誌の機能も果たしていた

戦時中の新聞は、戦争報道を得意中の得意としていた。日本は日清戦争（一八九四～九五年）、日露戦争（一九〇四～〇五年）、第一次世界大戦（一九一四～一八年）で三連勝している。この三つの戦争を通じ、新聞は大本営発表をどんどん流していった。

一口に戦時における大本営と言っても、海軍の軍令部と陸軍の参謀本部との二種類があり、発表内容はそれぞれ異なる。新聞にとって、戦争報道の材料は山ほどある。好戦的な世論を作りながら、新聞はガンガン部数を伸ばしていった。夏目漱石のような文筆家の暮らしが成り立つようになったのも、新聞が戦争報道をして飛躍的に部数を伸ばしていったからである。戦争記事と併せて、「蓄妾の実例」のようなスキャンダル記事も、大事な稼げるネタだった。妾をもつこと自体が違法だったわけではない。本妻と別にお妾を囲うのは、珍しいことでも何でもなかった。法律に触れるわけではないが、あまり褒《ほ》められた話でもない。妾の存在を、人は当然隠したがる。週刊誌がない時代、それを暴露するのは新聞の大きな仕事だった。

戦後、日本はGHQ（連合国軍最高司令官総司令部）の占領下となった。新聞や雑誌はGHQによって一九四九年まで厳しい検閲を受けている。

GHQによる検閲体制は解けたが、日本の新聞が戦前のような自由奔放な報道をしているわけではない。「前官房副長官のモテ方を問う」という切り口の社説は、絶対に載らない。

二〇年ほど前までは、有名人の結婚でさえ全国紙は報じていなかった。芸能人やスポーツ選手の結婚が社会面で報じられるようになったのは、近年になってからのことだ。結婚問題には社会的関心が高いという構えに、新聞も変わってきたのである。もっとも結婚までは報じるにせよ、誰それに隠し子がいるというところまで新聞は書かない。

歴史を振り返れば、かつて新聞は、現在の週刊誌のようなスキャンダルを積極的に報じていた。今それが載らないのは、新聞社が「サンデー毎日」や「週刊朝日」のような週刊誌を創刊し、情報の棲み分けが始まったからにすぎない。新聞は最初から今のような高尚なメディアだったわけではないのである。

不義密通をネタに新聞連載を始めた島崎藤村

『破戒』で有名な島崎藤村の人生は、どこからどう見てもかなり衝撃的だ。

《明治三八年『破戒』の完成を期して上京した藤村は、生活上のあらゆるものを犠牲にしても悔いない、という信念をもって『破戒』を完成させた。その間、三女縫子《ぬいこ》、次女孝子が三八年に相次いで没し、三九年六月一二日には緑［＝長女］をも失う。妻フユは栄養不良から鳥目になる。》（『新潮日本文学アルバム　島崎藤村』新潮社）

子どもたちの死因は、端的に言えば餓死だ。それなりに原稿料をもらい、スポンサーがついていたにもかかわらず、たくさん生まれた子どもを次々と餓死させている。奥さんも栄養失調状態にあった。一方で自費出版した『破戒』が売れて大儲《もう》けし、一九〇六年（明治三九年）一〇月には家を建てている。完全にバランスを失しているのではないか？

一九〇八年（明治四一年）には東京朝日新聞に「春」を連載し、一二月には三男が生まれている。一九一〇年（明治四三年）には読売新聞に「家」を連載し、四女が生まれている。四女の出産直後、奥さんは産後の出血のせいで死んでしまった。そこで兄の長女ひさ、次女こま子が家事の手伝いに来てくれることになった。

すると藤村は実の姪《めい》であるこま子に手をつけ、子どもをはらませてしまう。そのことを兄から非難されると、藤村はヨーロッパへ逃げる。さらにこま子をはらませるに至った背徳の愛は、「新生」として東京朝日新聞に連載される。そんな御仁《ごじん》が一九二一年（大正一〇年）には文部省国語調査委員に指名され、一九三五年（昭和一〇年）には日本ペンクラブ会長に就任しているのだ。

そもそも一八九三年（明治二六年）、二一歳のときに明治女学校の先生として勤めていた藤村は、教え子に手を出したせいで教員を辞めている。その教え子にはすでにフィアンセがいた。

結婚後は子どもらを餓死させ、奥さんも栄養失調の末に死なせ、家の面倒を見るためにお兄さんからよこしてもらった姪を妊娠させてしまう。彼の経歴を振り返ると、ほとんどスキャンダル一色だ。

スキャンダル常習犯の作家は藤村だけではなかった。夏目漱石の弟子・森田草平は、平塚らいてうと恋愛関係に陥って心中未遂を起こした。そのことがニュースになりそうだったために漱石に匿《かくま》われ、ほとぼりが冷めたころ、心中未遂事件を小説「煤煙」として朝日新聞に書いている。太宰治にしても、小説に書くためにやったとしか思えないような自殺未遂を繰り返した。

週刊誌がない時代に、新聞はまさにスキャンダル暴露の舞台だった。

島崎藤村に捨てられた姪への直撃インタビュー

一九三七年三月六日付の東京日日新聞（のちの毎日新聞）には、島崎藤村の姪・こま子への直撃インタビューが載った。「〝新生〟女主人公　うらぶれの姿」「運命の〝荊《いばら》の道〟を廿《にじゅう》年　あはれ養育院に収容」と大見出しがついている。平成の「週刊大衆」や東スポもここまでするかというノリである。

《藤村氏を叔父に持ち、その著「新生」のモデルとなつたこま子さんも廿年後の今日は親戚、知己からも顧みられず一施療患者として養育院三号病棟のベツドに重病の身を横たへてゐる（略）五日夜病床に訪ふとこま子さんは苦しさうに咳《せき》入りながら

わたしがかうなつたからつて誰を怨むこともありません、みな運命です、力のある限り闘つて来たのでこゝで死んでも少しも悔いはありません、たゞ紅ちやん［＝娘］が可哀さうで――

こま子さんは愛児の写真を胸に抱きすくめハラゝゝと涙を流した

藤村先生にも何んにもいふことはありません、もし伝へられるものでしたらわたしがこんなになつても少しも恥かしい途《みち》を歩いてゐなかつたといふことを先生にわかつていたゞければ

いゝのです……
　といふなり蒲団《ふとん》に顔を押しあてゝ泣き入つた》
「養育院のベッドに横たはるこま子さん」というキャプションがついた写真も掲載されている。
東京日日新聞は、さらに藤村にも直撃取材をしている。
《島崎藤村氏は五日夜麴《こうじ》町下六番町の新邸で語る
　こま子とは廿年前東と西とに別れ私は新生の途を歩いて来ました、当時の二人の関係は「新生」に書いてあることでつきてゐますから今更何も申上げられません、それ以来二人の関係はふつつりと切れ途は全く断たれてゐたのです、あの人もあれからあの人自身の途を歩いてゐたでせうが、その後何の消息もありませんでしたが三年ばかり前病気だからといつてあの人の友人が飯倉の家に来たことがありました、その時にはいくらかの金を贈りました、これが今までの後にも先きにもたつた一度の交渉です、最近はどうしてゐるのかまた病気で養育院に入つたといふのもはじめて聞きます、もしほんたうならあの人の姉がをりますからその姉と相談して何とかせねばなりますまい、私が勝手に一人でどうすることは今の私には出来ません》

プライバシー侵害もいいところ、現在の毎日新聞からは、とても想像がつかないような紙面である。

鴻池官房副長官が公費から支給されたＪＲのフリーパスを使い、熱海へ出かけて何を食べたのか。現在の新聞もそこまでは書くことができるのだろう。だが、その相手が何歳でどんな素性の女性なのか、というところまでは書かない。女性への顔出し直撃インタビューもやらない。

上品な新聞には、週刊誌が興味をもつような下世話な話は書かない。そこは週刊誌が書く領域だ——。新聞記者たちは、きっとそんな線引きをしているのだろう。

現在、読売新聞は公称一〇〇〇万部、朝日新聞は八〇〇万部である。この数字は完全に頭打ちであり、今後どんどん部数が減っていくのは目に見えている。棲み分けをして高尚なポジションを維持するのはいい。しかし単調な記事ばかり書いていては、ますます売れなくなる一方だ。「鴻池氏はなぜこんなにモテるのか」という特集でも組んでみることを、本気で考えたほうがいいのではないだろうか。

自分が引導を渡した死刑囚に無関心な元検察官

メディア批評誌「創《つくる》」（二〇〇九年五月号）に、三井環《たまき》さん（元・大阪高検公安部長）の連載が載っている。三井さんは検事時代に死刑を求刑したことがあるそうで、次のような回想をしていた。

《私は死刑求刑事件を三件捜査した経験もある。それについてもここで書いておこう。但し独居房の自由時間を利用して原稿を書いているので手元には資料がない。よく覚えてない点もあるのであらかじめお断りしておきたい。［以下、一件目と二件目の死刑求刑事件について説明が続く／略］

三件目は福岡地検当時の保険金殺人事件だ。男女二人が共同して保険金目的で三人を殺害したのだ。

私が死刑を求刑した二人は死刑が確定し、すでに執行されている。》

翌月の「創」（二〇〇九年六月号）編集後記を見ると、こんな訂正が載っていた。

《今月の訂正2　ミスといえば三井環さんの原稿で前号P139に「私が死刑を求刑して2人は死刑が確定し、すでに執行されている」とありましたが、執行はされていませんでした。三井さんは刑務所服役中で手元に資料もないため確認できなかったようです。》

ちなみに「私が死刑を求刑して」ではなく、正確には「私が死刑を求刑した」だ。訂正文なのだから、校正は厳重にやるように。

三井さんは、自分が死刑の烙印《らくいん》を押した人間について、まだ存命であるにもかかわらず死んだものと勘違いしている。検察官を何十年もやってきたとしても、死刑を求刑する機会などしょっちゅうあるわけではない。せいぜい数回だろう。実際、三井さんは検察官人生において三件しか死刑を求刑していない。そのたった三件のうち二件についてすら正確に記憶していないのである。

私は死刑制度賛成論者だが、こういうアホ検事には「あなたは人間の命を何だと思っているのか」と敢えて言っておく。死刑を求刑した張本人であるにもかかわらず、ここまで関心が薄いとは、頭がどうかしているとしか思えない。

一分半の確認を手抜きする困った編集者

そういう元検事をちやほやして連載コラムをもたせている「創」編集部も、どうかしている。「創」の篠田博之編集長は、《三井さんは刑務所服役中で手元に資料もないため確認できなかったようです》とまるで他人事《ひとごと》のような口ぶりだ。編集部のチェック態勢はどうなっているのだろう。確定死刑囚の死刑が執行されたかどうかなど、一分半もあれば調べることができる。

編集者が行なう仕事として、事実関係のチェックが難しいものはもちろんある。例えば、ある検察官が何十人かに無期懲役を求刑し、最終的に三七人の刑が確定したとしよう。それを三六人と数え間違えたという話ならば、まだ理解の余地はある。また無期懲役刑の場合、服役して二〇年経《た》ってから仮釈放になるのか、二五年経ってから仮釈放になるのかはわからない。例えば何人の無期懲役囚が現在社会復帰しているのかを、未熟な編集者がすべてチェックするのはそれなりに難しい。

しかし今回三井環さんと「創」編集部が間違えたのは、「死刑」についての話だ。確定死刑囚の名前や犯罪の概要、誰に刑が執行されているかは、すべて簡単にチェックできる。死刑制度反対論者たちは、まだ刑が執行されていない死刑囚を常にリストアップしているではないか。『年報・死刑廃止』（インパクト出版会）という本を毎年出している人までいる。

しかも「創」の篠田編集長は、二〇〇八年八月に『ドキュメント死刑囚』（ちくま新書）という本を出した人物だ。宮﨑勤（連続幼女誘拐殺人事件）、宅間守（大阪池田小児童殺傷事件）、小林薫（奈良市女児誘拐殺人事件）といった死刑囚との文通を紹介しながら、彼は死刑制度に反対している。篠田編集長の得意分野ド真ん中だろう。

それを《三井さんは刑務所服役中で手元に資料もないため確認できなかったようです》などとよく言えたものだ。だから正義を振りかざす人間はいかがわしいのだ。

ちなみに篠田編集長は、さらに翌月の「創」(二〇〇九年七月号)に「確定死刑囚は獄中で『死』とどう向き合うのか」という論文を一〇ページも書いていた。「雑誌編集者は娑婆《しゃば》で『死』とどう向き合うのか」を考えるほうが先決だと言っておく。

特捜が扱う事件はすべて「国策捜査」だ

二〇〇九年三月三日、民主党・小沢一郎代表の公設第一秘書が逮捕された。西松建設から多額の献金を引っ張ってきたという政治資金規正法違反の容疑だ。小沢氏は検察との対決姿勢をあらわにして民主党代表にとどまったが、結局五月一一日に代表を辞任している。今後は長い裁判を通じて、「小沢一郎的権力」と「検察的権力」がガチンコの勝負を繰り広げていくことになるだろう。

小沢氏本人もマスコミも、公設第一秘書の逮捕について「国策捜査」だと批判を展開した。そもそも特捜部というセクションが立件する事件など、すべて「国策捜査」に決まっている。特捜部は、日本国法務省の管轄なのだから。

特捜部が大がかりに取り組むのは、以前は事件として扱われていなかった案件がほとんどだ。一般の地検が挑まない領域で、重大だと思われる事件を新たに暴き、起訴して有罪にもちこんでいく。それが特捜部の役割だ。特捜部のようなセクションがなければ、田中角栄が逮捕されることは恐らくなかっただろう。田中角栄の愛弟子《まなでし》筋である小沢一郎氏の秘書が逮捕されることもなかったと思う。

戦前には、国会議員や閣僚がカネを儲けるビジネスモデルは存在しなかった。明治維新から明治半ばまで、国会議員や大臣は歳費をもらわず無給だ。それ以外の収入で生活が成り立つ人が、議員を務めていたのである。明治半ば以降の議員歳費は、年額二〇〇〇円だ。二〇〇〇円と言えば、国会議事堂に登院するときの二頭立ての馬車代くらいにしかならない。一九二〇年（大正九年）からは一〇〇〇円だけアップするものの、小遣《こづか》いにすらならない。

それが一九四七年に社会党の片山哲内閣ができると、状況はガラリと変わった。

《大臣などの給与値上げの法案が国会に提出されている。現在は総理大臣が月三千円、国務大臣が二千五百円。これではだれが見たって食って行けるわけがない。それが結構顔色もツヤツヤとして肥《ふと》っているのだから、人民どもにはわからぬ別収入があるのであろう。

国会議員が月額三千五百円で首相より多いので、片山前首相なども総理の月給は辞退して代議士の方のをもらっていたという話である。

こんどの改正案では首相月額二万五千円、大臣二万円に一挙に上げようというわりだ。大臣には官邸もあり、多額の機密費もあって食うには困らぬようになってはいよう。がムーテンの裏で秘密のまかないをするよりも、だれが見ても大臣として生活して行けるだけの額を与えて、ヤミの部分を少くし公職の台所をガラス張りにする方がよいのである。》（朝日新聞一九四八年六月一〇日付）

安い歳費では生活していけないため、彼らは国会議員の給与値上げ法案をガンガン出し始めた。

ちなみに、当時の人気流行作家はどのくらいの原稿料をもらっていたのだろうか。

《今は最低百円内外から二百円、三百円というところらしい。ただし流行作家となると一枚千円というのもあるそうだ。日本では文筆家が年収五十万円、百万円だというと焼もちをやかれて、小説家が五十万円で家を買ったのがとかくケシカラヌといった話しぶりなのはおかしなことである。》（朝日新聞一九四八年五月一一日付）

中堅作家が月に原稿用紙四〜五枚も書けば、国会議員や総理大臣の月給に匹敵する原稿料をもらえた時代だった。

「議員になればカネが儲かる」への異議申し立て

一九二五年までは普通選挙すら実現していない。貴族院議員になれるのは皇族、華族、有識者に限られ、衆議院議員に立候補するには一定額以上の税金を納めている必要があった。納税額によって投票する側の選挙権が制限されていた時期もあった。

普通選挙が実施されるようになってからも、「政治家になればカネを儲けられる」というビジネスモデルはなかった。

閣僚になればカネが儲かり、都内の一等地に家を建てられる。そんなビジネスモデルを作ったのは、田中角栄が最初だ。彼はアメリカのロッキード社と手を組み、飛行機発注に際して多額のカネをせしめていた。そして挨拶をしに来た子分たちには、ポンと五〇〇万円を渡す。そうやって子分を抱きこんでできたのが自民党の最強最大派閥である田中派だ。

田中角栄内閣（七二～七四年）以降、国会議員から大臣や首相にまで昇り詰めれば、何億円も蓄財できるようになった。議員の仕事が「稼げるビジネスモデル」になったということである。

その田中派から竹下派に連なる金脈を、まっすぐに受け継いでいるのは誰か。小沢一郎氏だ。彼は竹下登に従って、一時は田中角栄に反旗を翻したが、田中角栄の死後、娘の田中眞紀子氏に頭を下げた。だから今でも、堂々と田中角栄のお墓参りができる。

しかし市会議員から県会議員に、さらに国会議員になるにつれて、大きな財産が築けてしまうのは、どう考えてもおかしい。どこかでリベートでも受け取っていなければ、そんなにカネが貯まるはずがない。国会議員を長年経験し、自民党幹事長を務めたらなぜ何十億円も資産を貯めることができるのか。みんながうすうす疑問と不信を抱いていたことだ。

今回、特捜はそこに異議申し立てをし、田中角栄の正統なる継承者である小沢一郎氏を、悪だと断じた。土木工事の口利《き》きをする見返りに、多額のカネを受け取る。今後はそういうことを許してはいけない、と検察は考えている。

「小沢一郎的権力」と「検察的権力」のガチンコ勝負によって、ここ三〇〜四〇年の間にできあがった「政治家は儲かる」というビジネスモデルが崩れるかどうか。その瀬戸際が「現在の日本」なのである。国策捜査批判をしているだけでは、その構図は見えてこない。

第二章

他人の秘密は蜜の味

秘密の正体は必ず誰かが知っている

不倫を秘密にするのは難しい。たいていの場合、当事者は親しい友人にその秘密をバラしてしまうものらしい。誰にも気づかれていないと思っていても、社内不倫をしている二人がいれば、まわりの人たちは「なんとなくあの二人は怪しい」と気づき出す。二人で密会している現場を、誰かに目撃されてしまったりもする。

また少なくとも当事者の二人の間では不倫は秘密ではない。つまり、秘密といってもあくまで相対的なものであって、絶対的な秘密など存在しないのである。

カツラをつけている人がいたとして、その人は秘密として隠しとおそうとするだろう。でも、なんとなくまわりからは気づかれてしまう。気づいても、当人の前でそのことを口にはできない。当然本人にとっては、自分がカツラをつけていることは守りとおしたい秘密だ。

でも、アデランスの担当者や行きつけの床屋さんとの間では、カツラをつけていることは秘密ではない。カツラをつけていることは、相対的な秘密ではあっても絶対的な秘密ではないのである。

『恐怖の誕生パーティ』（ウィリアム・カッツ著、小菅正夫訳、新潮文庫）は、秘密をテーマに扱った小説だ。新婚八カ月目の妻が、愛する夫の誕生記念パーティを企画した。昔の友人を大勢呼ぼうと考え、妻は学校の卒業生名簿や会社、軍隊など夫に関係する場所を次々と当たっていく。しかし、どの記録を見ても夫は存在していないことがわかってしまう。

夫婦生活を円満に送っている夫は、妻に対して自分の過去を完全に偽っていた。いったい夫は何者なのか。しだいに誕生パーティの日取りが近づいてくる……。そんな内容の、ちょっと怖いお話だ。

日本では、東野圭吾さんが書いた『秘密』（文春文庫）という小説がベストセラーになった。小林薫さんや広末涼子さんが出演して映画化もされた。娘とお母さんが一緒にバスに乗っているときに、転落事故に巻きこまれてしまった。お母さんは亡くなり、娘は助かる。どういうわけか、娘とお母さんの人格はあべこべに入れ替わってしまった。

お父さんと娘は、見た目は娘だが記憶は亡くなったお母さんのものであることを秘密にして、対外的には親子として生活する。そして物語の最後、娘の外見をした妻には夫に隠している秘密があったことが明らかになる。

知っている人と知らない人の両者がいないと秘密は成り立たない。その差が物語の格好のタネになる。日本でも海外でも、こうして「秘密」は小説の題材として何度も使われてきた。

カフカの『変身』に出てくる不思議なお婆さん

カフカの『変身』という小説も、異様な秘密をテーマに扱っている。主人公のグレーゴル・ザムザがある朝目覚めると、自分の体が大きな虫に変わってしまっていた。家族はグレーゴルを見てたいそう驚き、リンゴを投げつけたり気を失ったり大騒ぎしてしまう。

ところがお手伝いのお婆さんは、部屋に隠れているグレーゴルを見つけてもちっとも驚きもしない。

《後家婆《ごけばあ》さんは、グレーゴルをはじめからすこしもこわがらなかった。彼女はあるとき偶然にグレーゴルの部屋のドアを開けたことがあった。それも好奇心やなんかではなかった。ひどく驚いたグレーゴルはだれに追われるでもなくうろうろと這いまわりはじめた。すると手伝い女は両手を腹の上に組んで動ずる気色もなく突っ立ったまま、グレーゴルの様子を眺めていた。それ以来、いつも朝晩ちょっとドアを細目に開けて、グレーゴルのほうをのぞきこむことを怠らなかった。最初、手伝い女は、「馬糞虫《まぐそむし》さん、こっちへおいで」とか、「本当にねえ。この老いぼれ虫は」などと、彼女にしてみればたぶん親愛の言葉なのであろうが、そういう言葉でグレーゴルを自分のいるほうへ呼びよせようとしたりした。》（高橋義孝訳『変身』新潮文庫）

大きな虫が部屋で這い回っているのを目にしても、まったく驚かない。それどころか、人間に対するように普通に声をかけている。淡々として虫にまったく驚かないお手伝いさんに、読者のほうが驚いてしまう。

現代実存文学の代表作とされているこの小説では、グレーゴルが虫に変身してしまった事実は、家族やお手伝いさんの間で秘密でも何でもなかった。

ヘアヌードを一冊二〇ページ以上載せられない週刊誌

秘密は社会生活のいたるところに潜んでいる。

九〇年代初頭、日本でもヘアヌードが解禁された。

私は学生時代から、海外へ出かけるたびにヘアヌード写真集を国内にもち帰ろうという実験をしてきた。ところが、税関でストップがかかってしまう。Aという係官はストップするが、Bという係官はチェックは甘い……そんな融通《ゆうずう》は一切利《き》かない。税関全体で、ルールがビシッと決まっていた。

それがあるとき、税関をスルーして外国のヘアヌード写真集が届いてしまったことがあった。

「あ、これは日本でもいつか解禁されるようになるな」

そんなことが、なんとなくわかった。

刑法第一七五条（わいせつ物頒布《はんぷ》等）には、こうある。

《わいせつな文書、図画その他の物を頒布し、販売し、又は公然と陳列した者は、二年以下の懲役又は二百五十万円以下の罰金若《も》しくは科料に処する。販売の目的でこれらの物を所持した者も、同様とする。》

ヘアヌードを雑誌に載せた場合、刑法第一七五条に触れるかどうかは微妙な問題だった。毛が写っていても、性器そのものが写っているわけではないからだ。そこはセーフだと流れが変わり、九〇年代以降、日本では週刊誌に平気でヘアヌードがバンバン載るようになった。「いつから解禁」と発表されたわけではない。国民には秘密のうちに、暗黙のルールが変わったのだ。

もっとも日本でもヘアヌードが全面解禁されているわけではない。例えば神奈川県の青少年保護育成条例を見ると、以下に該当する雑誌は「有害図書」に指定されてしまう。

《書籍又は雑誌であつて、全裸、半裸若しくはこれらに近い状態での卑わいな姿態又は性交若しくはこれに類する性行為を被写体とした写真又は描写した絵で規則で定めるものを掲載する

ページ（表紙を含む。）の数が、二〇ページ以上であるもの又は当該書籍若しくは雑誌のページの総数の五分の一以上であるもの》

次に紹介するのは、東京都の青少年保護育成条例だ。

《青少年に対し、著しく性的感情を刺激し、甚だしく残虐性を助長し、又は著しく自殺若しくは犯罪を誘発するもの》

東京都の場合、ヌードのページ数の上限を具体的に指定しているわけではない。このあたりの細かい文言は、自治体によって微妙に異なる。

一冊につき二〇ページ以上ではNGとされ、一五ページであればOKなのか。神奈川県ではNGでも、東京都ではOKなのか。このあたりはグレーゾーンであり、週刊誌とお役人との間で押し問答が続いている。

「週刊大衆」や「アサヒ芸能」のような週刊誌にとっては、ここは死活問題だ。「有害図書」指定された雑誌は、シールで止めるなり包装するなりして成人コーナーに置かなければならない。立ち読みしておもしろそうであれば買うという人も多いだろうから、これでは売上に大きな影響が出てしまう。シールで止めることによって、出版社が背負うコストも増える。ギリギリのところでわずかでも性器が写ってしまえば、刑法第一七五条違反で逮捕されてしまう。

ヘアヌードをめぐっても、こうした暗黙の秘密やルールが存在するのである。

フランスでは大統領に隠し子がいても問題なし

日本では、政治家やタレントなどの有名人が不倫をするとスキャンダルになる。週刊誌には写真を狙われる。お互いが独身同士であれば、スキャンダル扱いされることはない。ましてや結婚してしまえば、議員宿舎に女性を連れこもうが何の問題もない。

だからどうしても愛人を議員宿舎に連れこみたいのであれば、奥さんと離婚していったん独身になってしまえばいい。いい、ということはないが、異性をめぐるスキャンダルは結局のところ、その人が既婚者か独身かによって、まったく扱いが違うのが日本のマスメディアの現状なのである。

既婚者が愛人を作ることは醜聞《しゅうぶん》、お互いが独身であればお祝い、色恋沙汰《いろこいざた》の秘密に関して、日本のマスコミ報道にはどうもそういうルールがあるようだ。

フランスのマスコミ報道は、日本とはだいぶ事情が異なる。大統領や閣僚のスキャンダルが発覚しても、フランスではたいして商売にならない。ミッテラン大統領（一九七四〜一九八一年在任）には隠し子がいた。記者会見の場で新聞記者がそのことを問いただしたところ、「それが何か？」のひとことで終わってしまい、たいして問題にされなかった。

社会学者の宮台真司さんが、近著でこんなことを書いていた。

《昨今の日本でも「訴えた者勝ち」の状況が企業や大学で拡がりつつあります。しかも、こうしたまずい動きを、自称フェミニストたちが「当事者主義」の名のもとに擁護しているバカげたありさまです。（略）

大学の先生が教え子を性的に誘惑するどころか食事に誘った程度で、今の日本ではセクハラ扱いされます。「権力で、断れない者に無理強いした」と。フランスの大学生たちは、そんなアメリカ流を、「女子学生が大学教員と性的関係を結ぶ権利を奪うのか（笑）」みたいにからかっています。》（『日本の難点』幻冬舎新書）

お国柄によって、秘密の価値やスキャンダルの価値は大きく異なるのである。

政府広報は新聞記者のメシの種

二〇〇九年五月二一日、裁判員法が施行された。この日以降、滞りなく起訴手続きが進行した事件が裁判員制度第一号となる。

死刑か無期懲役かを争うような事件であれば、起訴前に裁判官や検事、弁護士がいろいろとやりとりをしなければならない。審議には手間がかかり、起訴までの時間は長引いてしまう。そういう事件は、裁判員制度第一号にはなりえない。「容疑者の精神鑑定をしろ」などと弁護側がややこしいことを言わず、検察側とたいして争うこともない。非常にわかりやすい強盗傷害事件や、精神鑑定等の必要がない殺人事件のような案件が、各地で裁判員制度第一号になるのだろう。

朝日新聞（二〇〇九年五月二一日付）の朝刊一面に、「裁判員制度スタート」という記事が載っていた。

《六人の市民が三人の裁判官とともに刑事裁判で判決を出す裁判員制度が二一日、スタートする。裁判に市民感覚を反映し、司法への信頼を高めるのが狙い。「難しくてわかりにくい」「審理が長い」と言われてきた日本の刑事裁判は大きく変わる。》

この制度によって、いったいどんな問題が起こりうるのか。そこまで突っこんだ記事は書かれていない。最高裁判所が言っていることをそのままコピーしているかのようなこの記事は、ほとんど政府広報だ。

この記事の真下には本物の「政府広報」が載っている。タイトルは「本日、裁判員制度スタート！」だ。

《国民の皆様から選ばれた裁判員が裁判官と一緒に刑事裁判に参加し、被告人が有罪かどうか、有罪の場合はどのような刑にするかを決める裁判員制度がスタートしました。裁判がより身近になります。制度へのご理解・ご協力をお願いいたします。》

読み比べて、思わず笑ってしまわないだろうか。どこからが広告なのか記事なのかわからない。

「秘密を暴露する」か「広報する」か、「データベースを着々と積み上げる」か。新聞記事というものは、実はこの三つだけで九八％が埋まってしまう。テレビ欄などは一〇〇％広報だ。

守秘義務を定めた書類に署名させても無意味

裁判員に選ばれた国民には、生涯「守秘義務」がつきまとう。裁判員法第一〇八条を見ると、次のような罰則規定が書かれている。

《裁判員又は補充裁判員が、評議の秘密その他の職務上知り得た秘密を漏らしたときは、六月以下の懲役又は五十万円以下の罰金に処する。》

裁判員の体験談を知り合いにしゃべったりブログに書いたりすると、六カ月以下の懲役刑か五〇万円以下の罰金を科せられるということだ。

裁判所法では裁判官の守秘義務が課せられているのだが、罰則規定はない。裁判官はプロだから秘密をバラさない。もしバラしても、お咎めなし。国民はバカだから何を言うかわからない。だから厳しい罰則をつけておこう——。裁判員法を見ると、国民をバカにしたお上の頭の中が見え見えである。

政府や地方自治体には、さまざまな審議会委員の役職がある。準公務員と見なされる審議会委員にも、守秘義務が課せられる。中教審（中央教育審議会）の委員になるにしても、ナンチャラ諮問《しもん》委員会の委員になるにしても、そこで知りえた情報についてはやたらと公言しないという署名をさせられる。

しかし、そもそも守秘義務の対象になるべき秘密とは、口外すれば犯罪になるものか、口外すれば本人が非常識と思われ評価がおとしめられるものかの、どちらかである。そのいずれかであれば、秘密は必然的に守られるから、「知りえた情報を公言しない」などという書類に署名させることに意味はない。

例えば、中学に通う我が子の担任である女性教師の、だんなさんが一〇歳年下らしいという噂が、親同士の間で流れたとする。このとき、市役所に勤務している親（ＰＴＡ）の一人が、端末をたたいて戸籍を調べ、それを他人に話してしまったらどうだろう。これは誰が見てもマズい行為だ。市役所勤務の公務員は、秘密を知りうる立場にいるが、そんなことをしたら自分の格が落ちる、あるいは辞めさせられるという常識的判断で、公然と語ることへの歯止めがかかるのだ。

また、この場合「担任の先生のだんなさんは、一〇歳年下」ということは、本人が話したのならもちろん秘密ではないし、だんなさんの同級生が話す場合も秘密ではない。市役所の端末をたたいて情報を入手したときに「秘密」になる。秘密が成立するかどうかは、情報の入手方法の問題であり、相対的なものでしかないことは、この例からもよくわかるだろう。

作家の猪瀬直樹さんが大暴れした道路公団民営化推進委員会では、終始マスコミのテレビカメラが取材に入った。これはある種の発明だ。テレビカメラが入ってしまえば、会議室でお役人がインチキをやろうとしても隠し立てはできない。委員以外の人たちが自由に会議室に入れるとなれば、そこで配られる資料の中身や委員の発言など、もはや守るべき秘密ではなくなってしまう。守秘義務の前提を崩してしまうという意味で、カメラや記者を入れるというアイデアはちょっとした発明だった。

事件の最大要件に何の疑問ももたない新聞記者

朝日新聞(二〇〇九年五月二八日付、東京版)に、こんなベタ記事が出ていた。新聞記事が広報からできていることがよくわかる。

《司法書士を児童買春容疑で逮捕　当時一七歳の少女にわいせつな行為をしたとして、中野署が司法書士で行政書士の×××[原文は実名]容疑者(三八)=さいたま市=を児童買春・児童ポルノ禁止法違反(児童買春)の疑いで逮捕していたことが二七日、同署への取材で分かった。××容疑者は「一八歳未満との認識はなかった」と否認しているという。》

《同署への取材で分かった》というように情報源を明らかにするのは、最近の新聞報道の特徴だ。

そもそもの問題は、これが本当に実名報道するべき事件なのかどうかという点だ。警察から山ほど情報をもらいながら、どうやって紙面を埋めていくか新聞記者たちは考える。同じような事件がいくつかあったときに、司法書士なり学校教師なり、一定の肩書きをもった人の事件はほぼ自動的に底上げされる。

NHKの記者や幻冬舎の社員が起こした場合でも、普通ならボツになるような微罪が、まず確実に記事になるだろう。それは取材ではなく、単なる広報記事の選別作業にすぎない。

先ほどの記事の続きは、こう書かれていた。

《同署によると、××容疑者は昨年一一月中旬、都内で、少女が一八歳未満と知りながら、現金を渡してわいせつな行為をした疑いがある。》

いったいどうやって、容疑者は《少女が一八歳未満と知》ったのか。

容疑者は本当に、女の子が一八歳未満だと知っていたのか。

生徒手帳でも見せてもらったから、一八歳未満だとわかったのか。

一八歳未満でなければ欲情しない人だったのか。

ここはこだわるべきポイントであるにもかかわらず、朝日新聞は完全にスルーしてしまっている。児童買春・児童ポルノ禁止法に問われるかどうかのボーダーラインは、相手が一八歳か一七歳かという点だ。事件の最大要件について何の疑問ももたず、ペロッと記事を書いてしまう。

警察発表のコピペでできている新聞のベタ記事

記事の末尾には、さらにこうある。

《××容疑者は渋谷区に事務所を開業しているという。》

私は思わず、最後の《という》の横に赤線を引いてしまった。この容疑者が渋谷区で司法書士の事務所を開業しているかどうかくらい、なぜ調べないのか。警察官が「あいつ、渋谷に事務所構えてるらしいよ」と教えてくれたとして、念のためその事実を確認するのは当たり前だ。司法書士と行政書士を務めている人の事務所所在地など、一分半で検索できる。そうすれば、《××容疑者は渋谷区に事務所を開業している》と書ける。

要は、このベタ記事は全部警察発表のコピー&ペーストなのである。

本書の第五章で詳しく述べるが、「週刊新潮」の誤報問題に関して朝日新聞は《週刊新潮「騙された」ではすまぬ》という社説を書いている（二〇〇九年四月一七日付）。正しいのか間違っているのかわからない警察発表をそのままコピーしている新聞記者に、週刊誌の誤報問題を批判する資格があるのだろうか。

少し気をつけて見れば、新聞記事は「という」だらけだ。先の記事のすぐ右側には、次のようなベタ記事もあった。

《JR王子駅（北区）のトイレ汚水が石神井川に四〇年流されていた問題をうけ、二三区内の全七五駅を調べたJR東日本は二七日、水道橋、大久保、亀有の三駅で社員用の浴室や洗面台の排水を敷地内に垂れ流すなどの不適切な事例があったと発表した。（略）いずれも改善したが、八八年以前の工事で原因は分からないという。》（朝日新聞二〇〇九年五月二八日付、東京版）

こういう記事こそ、企業の発表をそのまま「垂れ流」した「不適切な事例」なのではないだろうか。

第三章 スクープかフェアネスか

山崎朋子『サンダカン八番娼館』的問題

スクープを手に入れるため、ルール違反を犯してしまった人がいる。

山崎朋子さんは、「からゆきさん」を取材した『サンダカン八番娼館《しょうかん》』で、一九七三年に大宅壮一ノンフィクション賞を受賞した。「からゆきさん」とは、海外で売春婦として働いていた女性のことだ。中国や東南アジア、遠いところでは東アフリカあたりまで売春婦として出稼ぎに行き、稼いだカネを本国へ送金していた人たちがいた。明治時代には、「からゆきさん」が稼ぐカネが外貨獲得の第二位だった時代もある。

山崎さんは「からゆきさん」の息子さんに詳しく話を訊き、自宅に泊めてもらうほどお世話になった。息子さんはアルバムを見せつつ、いろいろと証言してくれた。家に泊めてもらった夜、彼女はアルバムに保管してあった写真やパスポートを見ながら決意する。

《現在、わたしたちが見ることのできるからゆきさん関係の写真は、『村岡伊平治自伝』に収められたものだけであって、そのほかにはひとつも無い。とすれば、わたしは何とかしてこれらの写真の埋没を防ぎ、歴史の証言として世の中へ提出する義務があるのではないか——輾転《てんてん》としながらわたしは、胸のうちで、ひとつの重大な決意をかためた——あれらの写真

［＝「からゆきさん」が写っている写真］とパスポートとを盗み出そうという決意をである。わたしを泊めてくれた松男さん［＝からゆきさんの息子さん］夫婦の好意にそむき、まさに恩を仇《あだ》で返すことになるけれど、そしてもしも発覚すれば窃盗罪で天草警察の留置場入りになってしまうかもしれないが、埋もれたからゆきさんという歴史的存在の真実を生かすためには止むを得ない。》（『サンダカン八番娼館』文春文庫）

《書きにくいことをいよいよ書かなければならなくなってしまったが――寝苦しい一夜が明けて朝になったとき、わたしはついに機会をとらえた。おかみさんが朝食づくりに台所へ立ち、松男さんが洗面に立ったすきに、わたしはアルバムを見るふりをしながら、どうしても欲しいと思った写真数葉を必死ではがし、二通のパスポートと合わせて、着物の下、胸元に押しこんでしまったのである。》（同）

山崎さんが泥棒をした直後、「からゆきさん」の息子さんが部屋に戻ってきてアルバムをめくるシーンも描かれている。

《わたしにとっては血も凍らんばかりの出来ごとが起こった。松男さんが、「どれ、こりばしまっておかにゃならん」とアルバムを手に取り、「おっ母さんもおらんし、もう見ることもなか――」と言ってぱらぱらとページをめくったのである。ここにもかしこにも、古い写真を剝《は》ぎ取った跡は歴然としているし、二通のパスポートも挟まっていない。「あ、写真……パスポトも……」と松男さんは口ごもり、眼を上げてわたしを見た。》（同）

社会正義のためなら泥棒しても許されるのか

この問題に触れ、私はかつて次のような文章を書いたことがある。

《第一に、なぜ著者は「お借りしたい」と申し出なかったのか。このような場合、たいてい貸してくれるだろうし、もし拒絶されたら何度でも通うべきだし、それでもだめなら書き手は公表も諦めねばなるまい。第二に、なにゆえに著者は、このような顚末を敢えて書いたのか。松男さんは、この部分をどう読むだろう。そもそも、これら取材によって成り立った著書は取材協力者（すべて仮名だという）に送られていないのではないか。第三に、「真実」のためには犯罪もいとわぬという手法と、事後の自己正当化は身勝手すぎる。》（日垣隆『情報系　これがニュースだ』文春文庫）

山崎さんの『サンダカン八番娼館』は大宅壮一ノンフィクション賞を受賞した。取材協力者の所有物を盗んだことは、これまでまったく問題にされたことがない。社会的意義のあるノンフィクションであれば、このような脱法行為も正当化されてしまうのだろうか。

息子さんは、取材にやってきたジャーナリストを自宅に泊めるほど気を許してくれている。取材には全面的に協力してくれているのだから、なぜひとこと、「パスポートと写真をお借りできないか」と頼めなかったのか。

《アルバムごと借り受けるのが最良なことは承知していたが、しかしわたしは松男さん夫妻と二度めの対面という淡い関係でしかなく、とてもそのようなことを言い出せるものではなかったのだ。》（『サンダカン八番娼館』文春文庫）

作品中でこんな言い訳をするのはさすがだ。なぜ山崎さんが「盗む」という発想を実行に移してしまったのか、私には不思議でならない。しかも彼女はその顚末を、わざわざ作品の中に記してしまった。資料をくすねた事実を本の中で懺悔《ざんげ》したのは、良心の呵責《かしやく》と言うべきなのか。

私は山崎さんのしたことは迂闊《うかつ》だと思う。社会正義のため、歴史的空白を埋めるためという大義名分があれば、犯罪的な取材手法も許されるとは、私にはとうてい思えない。この文章を松男さん当人が読んだらどう思うかを、山崎さんは考えなかったのだろうか。

私自身、取材先で「これをもち帰りたい」と思ったことは何十回もある。取材相手にとって大事なものであっても、「この価値が一番わかっているのは自分だ。これがもらえたらどんなにうれしいだろう」と頭をよぎらないことはない。しかし、泥棒した資料の中身などどうやって公表すればいいのか。取材相手に掲載誌を送るのは当然の礼儀である。協力者にできあがった本が送れないような取材はしない。これは取材において守るべき最低限のフェアネスだと思う。

警察の内部資料を全部コピーしてしまった佐木隆三さん

作家の佐木隆三さんは、福岡で起きた連続殺人事件を『復讐《ふくしゅう》するは我にあり』（講談社、上下巻）にまとめ、七五年下半期の直木賞を受賞している。この本は一〇〇万部を超えるベストセラーとなり、映画化もされた。

佐木さんは、かつてこの事件を担当していた元名物刑事を訪ねている。

《雑誌の取材をひとしきり終えたところで、佐木さんはそっと話をきり出した、西口彰連続殺人事件も担当されたそうですね。うん、うん、あれは印象深い事件やった。もと刑事は上機嫌で答えると、隣りの部屋から二百ページほどもある報告書を持ってきた。『西口彰事件の捜査と反省』と印刷されたその表紙には秘のマークが刻まれている。検察庁がまとめた資料である。ページをめくって記憶を辿《たど》りながらもと刑事は話し続けた。

この貴重な資料さえあれば……、喉から手が出そうな資料を目のあたりにして、佐木さんは咄嗟《とっさ》に一策を案じた。これから博多で取材の約束があり、行かなくてはなりません。また戻ってお話の続きをきかせていただけますか。もと刑事は快く承諾した。

ついでに往復の電車の中が手もち無沙汰《ぶさた》なので、そのあいだだけ報告書貸してもらえませんか。

佐木さんは大急ぎで大牟田線の電車に乗り、繁華街のコピー屋まで走って行って叫んだ。この一冊、大至急！

「直木賞を受賞した時のテレビを見て、その刑事さん怒ってたそうです。このわしを欺すとは太《ふて》い野郎だってね」》（吉原敦子「訪問『時代の本』」、「諸君！」九五年一一月号／吉原敦子『あの本にもう一度』文藝春秋に所収）

ジャーナリストの吉原敦子さんは、この記事で佐木さんの取材手法を問題としているわけではない。あくまで、直木賞受賞の思い出話という脈絡で記事は書かれている。佐木さんは警察の内部資料を勝手にコピーし、その資料を最大限活用して「ノンフィクション・ノベル」を書き上げた。固有名詞を書き換えはしているものの、ほとんどコピー資料のおかげで書けた作品と言っても過言ではない。戦後ルポルタージュ文学の金字塔は、取材対象者を騙し討ちする手法で描かれた。

ちなみにこの例を見ても、日本の公務員の「守秘義務」がいかにザルかがよくわかるだろう。㊙と謳《うた》われた捜査資料を、警察官が自宅にもち帰る。家族や客人が、それを手に取る可能性は大ありだ。しかも定年退職のあともそのまま自宅に保管し、取材者に自慢げに見せるばかりか、貸し出してしまう。こんな例を知ってしまうと、公務員の守秘義務や裁判員の守秘義務について真面目に議論するのが、滑稽《こっけい》でしかたない。

文芸評論家の秋山駿さんは、『復讐するは我にあり』について次のような解説を書いていた。

《犯罪を主題にしたこの作品は、日本の近代文学においては新しいタイプの産物なのである。》

《日本の近代文学というと、これは世界文学全集に収められているような近代文学のモデル、たとえばドストエフスキーの『罪と罰』とか、スタンダールの『赤と黒』とかと同じような内容を、日本人の手で、日本人の心で、日本人の言葉で、書こうとして始められたものである。》

《［『復讐するは我にあり』は］日本でほとんど初めて、カミユの『異邦人』的な生の空気を、「理由なき殺人」的な犯罪の気分を、小説化したものなのである。》（『復讐するは我にあり』講談社文庫、下巻）

警察の資料を勝手にコピーして書いた作品とカミュの名作を、同列に並べるのはどうかと思う。

鎌田慧さんはなぜ仲間を最後まで騙したのか

鎌田慧《さとし》さんの『自動車絶望工場』は、今でもノンフィクションの世界で高い評価を受けている。鎌田さんは七二年九月から半年間、トヨタ自動車の季節工として働いた。その時点ですでにライターの名刺はもっており、著書も出版している。トヨタの〝自動車絶望工場〟ぶりをルポするという目的は、最初から明確にあった。

本の冒頭で鎌田さんは、次のような服務規律を紹介している。

《服務規律

一、業務上知った秘密を漏らさない
二、能率の向上に努める
三、職務上の指示に従う》(『自動車絶望工場』講談社文庫)

工場の中で知りえたことは、絶対に口外してはならない。取材方法がルール違反であることを、鎌田さんは百も承知しているわけだ。

トヨタの人事部に自分の経歴をしゃべらないだけでなく、同部屋になった季節工にも彼はウソをついた。自分はライターではなく、書店員をやっていたと経歴を偽っている。季節工の実態を暴露するために潜入取材を重ね、半年間働きながらトヨタから給料ももらっていた。

普通にカネを稼ぐためにトヨタで働いてから、あとで本を書こうと思ったのなら話は別だ。鎌田さんの場合は、最初から本を書くつもりでトヨタを騙し討ちしているのである。しかも、給料もちゃんともらっていた。身近なところで考えてみても、私の人格を攻撃するために誰かが悪意をもってバイトで潜りこんでいたとする。最初から悪口を書くつもりだったとしたら、そんなヤツを私が許せるわけがない。

季節工としての労働を終えたあと、鎌田さんが元同僚に会いに行く場面が本に描かれている。

《元の職場のある労働者に会った。ぼくはまず最初に「実は、ぼくは……」と取材に来たことを打ち明けようと思っていた。ところが、かれは持ち前の開けっぴろげで、人なつっこい笑顔で、「遊びに来たのか」「もう就職したのかや」と、期間工として扱ってくれるので、それを中断して、びっくりさせることもできなくなってしまった。ぼくとしては、むしろ、びっくりさせて、そのあとどんな態度を取るのか、警戒して口もきかなくなるのか、それとも逆に、いままでよりも率直に不満と白分の心情を打ち明けて貰えるのか、それを見きわめたいと思っていたのだが、とうとう本当のことをいえず、かれのぼくに示した歓待に合わせて、「東京で働いている」「本屋だ」「出張できた」などと事実を明らかにしないまま、おしゃべりに入ってしまった。》(同)

『自動車絶望工場』の取材方法はフェアではない

鎌田さんは、良心の呵責としてこういうことを書いているのかもしれない。しかし、『自動車絶望工場』の取材手法はフェアではないと思う。トヨタが工場内で大麻を栽培している事実を暴きに行ったのならば、まだわかるような気もする。だが、トヨタの工場で違法行為が行なわれていたわけではない。

仲間だった季節工の友人まで、最後まで騙しとおす必要はあったのだろうか。『サンダカン八番娼館』を書いた山崎朋子さん同様、鎌田さんもまた取材相手を舐《な》めている。鎌田さんの場合は、山崎さんのように違法行為を働いたわけではない。だが、ずるいことには変わりはない。

彼の取材手法を問題にした人がいた。『自動車絶望工場』は大宅壮一ノンフィクション賞の候補になったのだが、選考委員の反対に遭って受賞を逃してしまったのだ。選考委員の扇谷《おうぎや》正造《しょうぞう》さん（元「週刊朝日」編集長）、臼井吉見さん（評論家）の選評を振り返ってみよう。

《季節工の克明な生活記録として、きわめて貴重なものと思うが、ルポを目的とする工場潜入とわかってみれば、少なからず興ざめするのはやむをえまい。》（「文藝春秋」七四年五月号、臼井吉見さんの選評）

《めずらしい素材で、企業の実態について教わること多かったが、ただ取材の仕方がフェアでない。》（同、扇谷正造さんの選評）

鎌田さんは、「創《つくる》」（七四年八月号）に「スポンサー持ち評論家への質問状」という文章を書き、大宅賞の選考委員を批判している。臼井さんの選評に対しては、《氏の個人的感性とモラルとが述べられているだけなので、いまここで私との感性とモラルのちがいを述べても意味を持ち得ないと思う。》と一蹴していた。

扇谷さんに対しては、次のように反論している。

《コンベア労働の実態を知りたいと思った場合のフェアな方法はどうしたら良いのだろうか。扇谷なら働かせてくれ、と広報課に申し込むのであろう。あるいは人事部へ行って、合理化について書きたいので、一番仕事がきつい所で六カ月ばかり働かせて欲しい、と頼むのかもしれない。残念ながら私にはそんな勇気がない。あるいは、もしそう頼んで無事採用されたとしたら、その日から、私が辞めるまでの間、一緒に働くことになる労働者たちは、なんと窮屈な日々を送らなければならないことになるだろうか。あるいは、扇谷がこう取材の仕方がフェアでない、というい方は、そんな広報課に申し込むなどの形式的なことでなく、企業に批判的な姿勢のことを指していうのではないだろうか。》

美人コンテストの審査員は、美人が務めているとは限らない。美人ではなかったり、「元美人」だったり、男性であっても審査員は務まる。文学賞やノンフィクション賞の審査員は、同業者が務めるものだ。そもそも、「こんなヤツは許せない」という私怨《しえん》や嫉妬《しっと》が混じりがちなのである。

美人コンテストだろうがノンフィクション賞だろうが、選ばれる側は選考委員から何を言われても仕方がないだろう。賞を落とされたことについて長々と恨み節を述べたところで、ただみっともないだけだ。

また、鎌田氏は企業の広報に申し込んで行なう取材を批判しておきながら、後に、同じような手法で行なった取材を雑誌に連載し、本にまとめている。月刊誌「潮《うしお》」に連載され、二〇〇二年に単行本として出版された『地方紙の研究』（潮出版社）だ。主要四〇紙をとりあげ、二〇〇人の記者に話を聞いたことを謳っているけれども、その実態は創価学会のヒモつき取材と言うほかない。

多くの地方紙は創価学会の印刷物を重要な収入源としている。鎌田氏の取材はほとんど、地方紙にとっては大事なスポンサーである「潮」編集部のお膳立てによるものだった。話を聞くのは、当然、各社の立派な応接室である。ノンフィクション界の大御所となっただけに、「ずいぶん偉くなりましたね」とお喜び申し上げたい。

警察署ロッカーに隠れて取材するのが褒められた時代

かつて新聞記者は、かなり乱暴な取材を当たり前のようにやっていた。私は一九五八年生まれだけれども、私より一〇歳ほど若い記者までは、ムチャな方法でネタを取ってきても褒《ほ》められた時代があった。

私より二～三歳若い新聞記者の結婚式に出たときに、来賓として警察署長が来ていたことがある。

「××さんは警察署まで取材にやってきたとき、ロッカーの中にずっと隠れて話を盗み聞きしていたことがあります」

「警察官の官舎にやってきて、アパートの床下に潜ったまま私の帰りを待っていたこともあった」

記者の武勇伝を、警察署長が笑い話としてしゃべっている。公権力がオープンにしない情報を、リスクを冒して取りに行く。それが取材者としての務めだ、手段がフェアかどうかなど問題ない、と考えられていた時代があった。警察署でロッカーの中に入って盗み聞きなどしたら、今なら大問題だ。

『朝日新聞社史 昭和戦後編』(朝日新聞社、非売品)という分厚い本に、次のような記述がある。

《「談合」の壁を崩す 昭和五十七年度の新聞協会賞を受賞した「談合」キャンペーンは、五十六年九月末から九カ月にわたって、建設業界の談合入札、政・官界との癒着の実態を執ようにに追及し、独自の調査にもとづいて公共事業費をめぐる不正や疑惑、さらに問題の背景、全

体像を明るみに出した。》

《この談合キャンペーンがはじまる前、一つの不幸な事件があった。「情報公開」キャンペーンで談合の実態に迫ろうとした経済担当の編集委員安藤博が、五十六年二月十六日、東京・紀尾井町のホテルニューオータニでひらかれた経友会の会場に盗聴器を設置した事件である。〝犯人〟不明のまま事件はすぐ明るみに出て、安藤は自分で名乗り出た。このため、朝日は十八日付で安藤を退社処分（略）》

盗聴器を仕掛けてクビになった朝日新聞記者

朝日新聞は建設業界の談合の実態を暴くキャンペーンを張り、日本新聞協会賞を取った。その取材中、記者が盗聴器を使う不祥事が起こった。「アンパクさん」こと安藤博記者は朝日新聞社を退社後、大学教授へと転身した。

談合の決定的瞬間を証拠としてつかむため、安藤さんは秋葉原へ出かけて盗聴器を買ってきた。そしてホテルニューオータニに、その機械を仕掛けてしまう。生まれて初めて盗聴器を買い、生まれて初めて盗聴器を仕掛けた。会場で挙動不審な様子を目撃されていたこともあり、結局犯人はバレてしまう。アンパクさんは、ゆきすぎた取材によって職を失ってしまった。

秋葉原では、当時からたくさんの盗聴器や盗撮器が売られていた。盗聴器を購入したり使ったりすること自体に、違法性を問うのは実は難しい。電波法やストーカー規制法で違法性を問えないことはないが、犯罪の立証がとても難しいのだ。住居侵入の現行犯でもない限り、法的に問題にすることはできないのが現状である。

実際安藤さんは、盗聴器を仕掛けた行為によって警察に検挙されているわけではない。ただし、朝日新聞社としては「これはまずい」という判断だった。本人も猛烈に反省し、会社も辞めている。

「国民の知る権利を代弁」の実態は人間盗聴器

安藤さんの取材方法が許されないものであることに争いはないだろう。しかし盗聴器を使わず、人間が同じことをやっていたらどうなのか。

今も昔も、新聞記者は〝夜討ち朝駆け〟で政治家や官僚や財界人につきまとっている。ぶら下がり取材と称して、小判鮫《こばんざめ》のようにベタベタ張りついている。

「国民の知る権利」という大義名分のもと、正義を振りかざしながらやっている取材が、実はストーカー行為と大差ない。警察署のロッカーに入りこんで盗み聞きしたり、アパートの床下に潜りこむ。そんな取材はつい先頃まで行なわれ、「是」とされてきた。

安藤博さんは盗聴器を仕掛けたために会社をクビになってしまったが、機械を使わない盗聴であれば新聞記者は平気でやってきた。自分の五感を使う分には、人の話を盗み聞きしても会社をクビになることはない。〝人間盗聴器〟ならＯＫだが、機械の盗聴器を使うのはまかりならない。それだけのことだ。

「私たちは正義である。国民の知る権利を代弁している」と言って週刊誌を見下す新聞記者がやっていることは、昔も今もたいして褒められたものではない。

私はそのような取材をすべきでないと言っているのではない。自分たちも後ろ暗いやり方でネタを漁《あさ》っているのに、「週刊誌は下品だ」とバカにする。社史で盗聴器事件を《一つの不幸》と片付けて反省もせず、《「談合」の壁を崩す》と正義を振りかざす。そんな態度がイヤらしいと言いたいだけなのだ。

第四章

奈良少年調書漏洩事件

捜査資料を無断で撮影しまくった講談社のカメラマン

二〇〇七年五月、草薙《くさなぎ》厚子さんというジャーナリストが『僕はパパを殺すことに決めた』（講談社）という本を出版した。この本のテーマは、二〇〇六年六月に奈良県で起きた放火殺人事件だ。当時一六歳の少年は、父親からスパルタ教育と暴力を受けていた。その父親を殺そうとして、少年は自宅に火を放ってしまう。その日父親は職場に泊まっており、父親を除く家族三人が焼死してしまった。

草薙さんと「週刊現代」編集者は、少年の父親や弁護士に接触を試みたものの、協力が得られない。そこで、少年を精神鑑定した崎濱《さきはま》盛三医師に接触した。精神鑑定を依頼された鑑定医は、容疑者の供述調書など大量の捜査資料を渡される。崎濱医師は、奈良県警がまとめた捜査資料をA４判用紙で三〇〇〇枚ももっていた。

《鑑定人「コピーはダメ（笑）」
筆者「取りにいく、取りにいきます（笑）」
記者「もちろん、コピーはダメよ。その場で見るんやったら構へん、という形が、先生にとっては心理的に負担が少ないのかなと思いますけどね」

鑑定人「コピーしたら、絶対ダメだからね。よう裁判所の人も、電車とかに置き忘れるんですよね」》（『僕はパパを殺すことに決めた』調査委員会報告書」全文は講談社ホームページで公開されている）

崎濱医師が勤務先の病院に出かけている間、草薙さんと「週刊現代」編集者は資料を見せてもらえることになった。

留守中、「週刊現代」のカメラマンは供述調書をガンガン撮影してしまう。そのことは、崎濱医師には秘密だった。コッソリ撮影した供述調書を元に、草薙さんは雑誌記事を書いた。さらに、『僕はパパを殺すことに決めた』という一冊の本を出版してしまった。

崎濱医師は、当局から精神鑑定を依頼されている立場だ。供述調書はあくまで借り物なのに、それを不用意に第三者に見せてしまうのは脇が甘い。

供述調書の丸写しでできあがった本

本の帯には、次のような惹句《じやつく》が書かれている。

《英語1の点数が20点足りない。ただそれだけの理由だった。2週間後の保護者会までに、すべてを消し去らなければ――。

3000枚の捜査資料に綴られた哀しき少年の肉声を公開！》

まえがきには、次のような記述がある。

《けっして楽ではない取材を繰り返すなかで、私の手もとに少しずつ「事実」が集まってきていた。それは、奈良県警が残した「供述調書」を含む捜査資料だ。丹念に集めたそれは、やがて膨大な量となった。A4判用紙にしておよそ三〇〇〇枚――そこには少年の絞り出すような肉声が、はっきりと綴られていた。

本書を世に出すことに、批判の声もあるかもしれない。

なぜなら、少年事件において警察の作成した供述調書が手に入ることは、いかなる取材をもってしても本来はありえないことだからだ。

私自身、ためらいもあった。それでもあえて、供述調書に記された少年の肉声を公開することを決意した。》（『僕はパパを殺すことに決めた』）

本の中身を読んでみると、八〜九割方は調書の引用だ。どうしてこんなものが本になってしまったのか。もっともこんなことを言うのは失礼だが、草薙さんの地の文はあまりうまくない。警察官がまとめた調書は、著者よりもはるかに文章力があって読ませる。

本が出版された直後の二〇〇七年六月五日、奈良家庭裁判所は抗議文を出している。七月一二日には、法務省人権擁護局から謝罪勧告が出された。九月一四日には崎濱医師と草薙さん宅に強制捜査が行なわれ、〇月一四日には崎濱医師が秘密漏示《ろうじ》容疑で逮捕されてしまった。

二〇〇九年四月一五日、奈良地裁は崎濱医師に対し、懲役四カ月、執行猶予三年の判決を下した。弁護側は即日控訴している。

法務省の元同僚を憎んでいた草薙さん

草薙さんの前職は、元法務省東京少年鑑別所の法務教官だ。地方局のアナウンサーやアメリカのニュース配信会社ブルームバーグL.P.を経て、フリーのジャーナリストになった。『少年A 矯正《きょうせい》2500日全記録』（文春文庫）という本は、法務省時代のコネクションを使って書かれている。この本のあとがきに、こんな記述があった。

《自分で言うのも口幅ったいが、当時［＝法務教官時代］の私は矯正教育に高い志を持ってお

り、社会のため、誰かの役に立ちたいと切望していた。（略）

偉そうに聞こえるかもしれないが、私は彼ら［＝犯罪を犯した少年たち］の社会復帰のため、少しでも役に立ちたいと思って毎日を過ごしていた。ところが残念なことに、一部の職員から受けたハラスメントをきっかけに、私は志半ばで辞めざるを得ない状況に追い込まれてしまう。悪夢だった。私は自分の気持ちを踏みにじった人を憎んだ。今でも思い出すと怒りがこみあげてくる。》（『少年Ａ　矯正２５００日全記録』）

この一文が、私には妙に引っかかる。法務省の元同僚に対して、彼女はものすごい恨みをもっている。こうして文章で公言するくらいだから、よほど強い憤りを感じているのだろう。ここまで感情的な状態にありながら、果たして冷静な文章を書けるものなのだろうか。

崎濱医師の鑑定は発達障害の少年への逆差別

精神鑑定とは、「文学」ではあるかもしれないが「科学」ではない。同じ条件で実験すれば、誰でも必ず同じ結果を得られる。そのように実証可能なものでなければ、「科学」とは呼べない。鑑定人によってまったく違う結果が出るような精神鑑定など、科学とは呼べないことをまず理解しておく必要がある。

崎濱医師は、少年に関してどんな鑑定書を書いたのか。

《少年が広汎《こうはん》性発達障害であることを考えれば、父親が不在であるにもかかわらず放火した点は容易に理解できる。広汎性発達障害の子供は、一度決めた計画に固執する傾向にある。少年は、継母らを恨んで殺害しようとしたわけでも、継母らを殺すことで父への恨みを晴らそうとしたわけでもない。単に現実に合わせて計画を変更できなかったのだ。

また、周りのことに気が回らないのも、この障害の特徴だ。継母らの生命に危険が及ぶかもしれないことは、放火の際、少年の意識に上らなかった。火を付けて逃げることに集中するあまり、普通の子供なら考える点に思いが至らない。》（草薙厚子『いったい誰を幸せにする捜査なのですか。』光文社、巻末の参考資料「供述調書を見せたことは後悔していない」より）

父親には、私立大学コンプレックスがあった。なんとしても、息子を国立大学の医学部へ入学させたいと強く願ってきた。だから、息子の成績が低ければ殴ったりもしている。少年は、とうとう自宅に火をつけることに決めた。当初は父親を殺すつもりだったのだが、泊まり勤務のため父親は家にいなかった。父親殺しは想像しただけであって、犯行は未遂に終わっている。ほかの家族三人については、死なせるつもりがあったわけではない。広汎性発達障害なのだから、少年は無罪にすべきだ――。

そんな鑑定書を彼は書いた。こんなものは、トンデモ鑑定書としか言いようがない。《少年が広汎《こうはん》性発達障害であることを考えれば、父親が不在であるにもかかわらず放火した点は容易に理解できる》と言うが、そんなことを容易に理解できるのはキミたちだけではないのか？

精神分裂病など精神病患者が犯した事件であれば、刑法第三九条《心神喪失者の行為は、罰しない。二　心神耗弱《しんしんこうじゃく》者の行為は、その刑を減軽する》が適用されて無罪になる時期があった。一九八四年以降は、精神病だからといってただちに刑法第三九条が適用されるわけではない、と流れが変わっている。広汎性発達障害であろうがどんな病気だろうが、放火殺人をしたのに無罪放免という理屈はそもそもおかしい。

広汎性発達障害の少年は、何かの拍子に奈良の少年のような罪を犯す可能性がある。ただし、その場合は罪は問わない。彼の鑑定は、そう言っているのに等しい。広汎性発達障害の少年が全員人殺しをするわけではないのだから、これは患者に対する逆差別だ。彼の鑑定は決定的に間違っている。

結局、家裁の審理では彼の鑑定結果が採用され、少年は逆送されずに中等少年院送致の保護処分で済んでしまった。鑑定書や捜査資料を誰に見せたかより、このことのほうがずっと重大な問題だ。

「公権力の介入を招いた」以前のお粗末な経緯

崎濱医師は、『僕はパパを殺すことに決めた』について次のように記している。

《精神鑑定を求められ、私は少年を特定不能の広汎性発達障害と診断した。広汎性発達障害とは、自閉性障害やアスペルガー障害などを含む発達障害のこと。（略）

供述調書を第三者に開示することが罪になるかもしれないとの認識はあったが、きちんと世間に伝えてくれて、それが少年への誤解を解くきっかけになるなら、私は見せるべきだと思った。調書の流出と、少年が誤解されたまま生きていくことを天秤に掛けたときに、少年の人生が良くなる方を選択したいと思ったのだ。》（同）

彼は、草薙さんが広汎性発達障害の理解を深める本を書いてくれると期待していた。少年は無罪である、という方向性の本を書いてくれると思っていたのである。ところが本を手にしてみれば、タイトルからして『僕はパパを殺すことに決めた』と少年の犯意が前面に出ている。当初の思惑とは正反対の本ができてしまったわけだから、本の表紙を見たときには茫然《ぼうぜん》としたことだろう。

《出版された書籍が少年の障害への理解を助ける内容になっていない点は、非常に残念だ。同書の誤った情報やそこから生じる誤解は、正していく必要があると感じている。しかし、私が逮捕されたことやこうして話していることも含め、情報を出したことが、皮肉にも少年の事件への理解を深めるきっかけになっている。少年のこれからの人生を思ってやったことなので、供述調書を見せたことを、私は後悔していない。》(同)

崎濱医師の鑑定はトンデモ鑑定だが、少年の供述調書を他人に見せたことは間違っていなかったと私も思う。しかし彼は渡す相手を間違えた。

まず草薙さんは、情報源である崎濱医師を騙して資料を接写した。しかも、本の内容は当人の意図と完全に反するものだった。人間としての信頼を守れなかっただけでなく、彼が逮捕・起訴される事態まで招いてしまった。「公権力の介入を招いた」云々《うんぬん》以前の問題で、あまりにレベルが低すぎる。

そしてこういう事件が起きると、ろくに検討もせずにすぐに抗議声明を出してしまう団体が続出するのも困ったものだ。日本ペンクラブは「出版社及び著述家に対する法務省勧告に抗議する声明」(二〇〇七年八月三〇日)を出し、日本雑誌協会や日本書籍出版協会も「緊急声明」(同年一〇月一七日）を出した。

日本ペンクラブ・言論表現委員会にしても、日本文藝家協会・言論表現問題委員会にしても、一方の当事者の話だけを一時間半なり聞いて、直後に決議を上げてしまう。これは草薙さんの件に限った話ではない。一方の意見だけを聞いて、その場で判決文を書いてしまう。そんな行為は、言論に携わる人間として正気の沙汰なのだろうか。

精神鑑定書の著作権は精神科医のもの？

『僕はパパを殺すことに決めた』の第九章では、崎濱医師の鑑定書が大量に引用されている。

刑事裁判の精神鑑定は弁護士や検察が依頼する場合もあるが、基本的には裁判所の予算を使って依頼される。だいたい数十万円、多い場合には一〇〇万円程度の鑑定料を支払い、精神科医が鑑定を行なう。

鑑定書の著作権は、精神科医にある。『西脇巽《たつみ》精神鑑定選集』（西脇巽著、同時代社）、『刑事精神鑑定例集』（石田武編著、中央大学出版部）など、精神鑑定ばかりを集めた分厚い著作集も出版されている。

上智大学名誉教授の福島章氏が書いた『現代の精神鑑定』（金子書房）には、日航機ハイジャック事件、連続幼女殺人事件など有名な事件がズラリと並び、犯人の精神鑑定が収められている。分厚い鑑定書には、員面調書（警察が作った調書）や検面調書（検察が作った調書）が資料としてふんだんに使われる。

本を読むと、こんなことを公《おおやけ》にしていいのかという記述だらけだ。連続幼女殺人事件の宮﨑勤であれば、お父さんやおじいちゃんはどんな生い立ちだったか。どんな会話をしたのかといった生々しい記述が、そのまま載っている。

『現代の精神鑑定』の冒頭で、福島章さんは次のようなことを書いていた。

《本書に収録した「精神鑑定書」は、「解説」も含めて、各章を執筆した鑑定人の「著作物」であることをあらためてお断りしておきたい。》

《日本国憲法には、裁判は公開で行われることが謳われているから、裁判に用いられた精神鑑定の内容が学術資料として公開されることは、基本的には違法性がないであろう。》

《基本的には違法性がないであろう》とは、なかなか微妙な言い回しだ。福島さんは、鑑定書を出版したからといって逮捕されているわけではない。

福島さんは、過去たくさんの精神鑑定をしてきた。起訴前であれば地検、起訴後であれば地裁から鑑定の依頼がくる。ある程度の期間を経たら、書き上げた鑑定書を自分の著作として公にする。そのことを裁判所なり検察なりが違法だと認識しているのであれば、そんな人に以後精神鑑定を依頼するわけがない。アカデミズムの世界でなら、自分の著作として出版しても問題はないという暗黙のルールがあったのだ。

そのルールに則ってさえいれば、今回のような事件は起きなかったはずである。草薙さんや講談社の編集者は、そのような暗黙のルールがあることはおろか、精神鑑定書の著作権が鑑定人にあることすら知らなかったのではないだろうか。ほとんど捜査資料と鑑定書でできている本を「草薙厚子著」と謳《うた》うこと自体、相当にお粗末だ。

ただ一人「情報源の秘匿」にこだわり続ける滑稽さ

草薙さんはジャーナリストとして、情報源（＝崎濱医師）を秘匿《ひとく》しきれなかった。そのことも大きな議論になった。

彼女は供述調書の提供者が特定されるはずがないと本気で信じていたらしい。しかし調書の入手ルートなど、少年の弁護人、少年の父親、精神鑑定医、警察、検察、裁判所くらいしかありえない。裁判所がジャーナリストに資料を渡すわけがない。検察は彼女の本を見て怒っているわけだから、検事が渡しているわけもない。警察官が渡しているとも考えにくい。

残るは弁護人か鑑定人だ。少年と父親、弁護人は秘密漏示罪で崎濱医師を告訴した側なのだから、彼らが草薙さんに供述調書を渡しているわけはない。たったこれだけの消去法で、提供者が崎濱医師であることは、容易に特定されてしまう。

講談社が設置した「『僕はパパを殺すことに決めた』調査委員会」の報告書でも、ニュースソースが鑑定人であることは明かされている。講談社の編集者も認め、起訴された崎濱医師本人も法廷で認めた。草薙さん一人だけが、「ジャーナリストである以上、情報源の秘匿は命より大切だ」とこだわり続けた。

検察による事情聴取では、こんなやり取りがあったそうだ。

《「あなたが言うと一〇分で終わるのに」

「それはあなたの仕事でしょう。私の仕事はジャーナリストなので、ニュースソースは言えないのです」》（草薙厚子『いったい誰を幸せにする捜査なのですか。』光文社）

《「あなたは情報源の秘匿と言うが、逮捕もされて、これほど報道も出て、もうその理屈は通用しない！」

蜂須賀《はちすか》検事は私に詰め寄った。

「それはそちらの理屈だと思います。情報源は言えません（略）」》（同）

どう考えても情報源は一つしかありえないのだから、「言いたくはありませんが、お察しのとおりです」とひとこと言えば済むだけの話である。ここまでくると「情報源の秘匿はジャーナリストにとっての原理原則だ」とこだわり続ける姿は、非常に滑稽《こっけい》ですらある。

頑固に「情報源の秘匿」にこだわり続けた草薙さんだが、二〇〇九年一月一四日の法廷で崎濱医師の名前を口にしてしまった。しかも、検察や弁護人から訊ねられたわけでもないのに、自分からペラペラしゃべっている。彼女の態度は最初から最後まで、一貫してピントがずれ、誠意もない。弁護人から「筆を折ってください」と非難されてしまうのも当然だろう。

これまで事件取材において、多くのジャーナリストが、弁護士なり精神科医と信頼関係を築き、鑑定書を見せてもらったり、口頭で内容を教えてもらったりしてきた。もちろん記事を書くときには、情報源がバレないように最大限の注意を払うし、供述調書を大量に引用することなどありえない。取材者にとって鑑定書とは非常に重要な情報源であり、事件の真相を国民に知らせるという点で大きな役割を果たしてきた。

しかし今回の事件で、いくら信頼関係を築いても、鑑定書を見せてもらうことはまず不可能になった。彼女の不用意かつ売名的かつ軽率な行動により、鑑定書や調書という重要な取材ルートがさらに閉ざされてしまった。恐るべきバカ女としか言いようがない。

三三年間も情報源を隠し続けた米ジャーナリスト

七四年八月、アメリカのニクソン大統領が「ウォーターゲート事件」によって辞任した。事の発端は七二年六月だ。野党・民主党が入居するウォーターゲート・ビルで、盗聴器が発見された。いったい何者が、そんなスパイ工作を図ったのか。「ワシントン・ポスト」の記者であるボブ・ウッドワードとカール・バーンスタインは、「ディープ・スロート」というニックネームの情報提供者と接触し、盗聴器設置にホワイトハウスが関与していることを新聞で暴いていく。

「ディープ・スロート」の言うことがガセネタであれば、「ワシントン・ポスト」は倒れかねない。それほどのハイリスクを負いながら、二人の記者はウラを取って記事を書いていった。しかも、情報源は最後まで守りとおした。

最終的に、ニクソンは事件の隠蔽《いんぺい》工作に自ら関わったことを認め、大統領辞任に追いこまれた。取材の成果は『大統領の陰謀』(ボブ・ウッドワード、カール・バーンスタイン著、常盤《ときわ》新平訳、文春文庫)という本にまとめられ、映画化もされている。

大統領を辞任に追いこんだ「ディープ・スロート」とは、果たして誰だったのか。事件から実に三三年が経過した二〇〇五年五月、当時ＦＢＩ（連邦捜査局）の副長官だったマーク・フェルトが自らネタ元だと名乗り出た。

「ディープ・スロート」の正体が明るみになった瞬間から、今度はボブ・ウッドワードは、かつての情報提供者の三三年間の沈黙を徹底的に暴きにかかる。元ＦＢＩ副長官は、いったいどうやって自分の身を守ったのか。こうして書かれたのが、二〇〇五年に出版された『ディープ・スロート　大統領を葬った男』（ボブ・ウッドワード著、伏見威蕃《いわん》訳、文藝春秋）という本である。

《ディープ・スロートの正体を知るものは、本人［＝ＦＢＩ副長官］はべつとして、わたし［＝ボブ・ウッドワード］も含め六人しかいなかった。バーンスタイン［＝同僚］、私の妻エルサ・ウォルシュ、「ポスト」元編集主幹ベンジャミン・Ｃ・ブラッドリーとその後任のレナード・ダウニー・ジュニア、一九七六年にこの秘密を見抜いた司法省の法律家。その後、さらに増えた。》（『ディープ・スロート』）

「ワシントン・ポスト」内部でも数人しか知らなかったのはわかるが、ボブ・ウッドワードが奥さんに秘密を明かしていたことにはちょっと驚いた。

ディープ・スロートという情報源の存在自体は、周知の事実である。それを、もし奥さんが

「ここだけの話だけど、実は情報源はＦＢＩの副長官なのよ」としゃべってしまったら、彼女の人間としての格はかなり落ちる。だからこそ奥さんは夫の秘密を三三年間も守りとおせたのだろう。

大統領にもＦＢＩにも萎縮しないアメリカ民主主義

当時ＦＢＩは、「ディープ・スロート」の正体について必死に調査していた。

《ＦＢＩ局内の意見書には、ひやりとするような推論が記されていた。「周知のようにウッドワードとバーンスタインは、ウォーターゲートに関して幾多の記事を書いている。（略）ＦＢＩもしくは司法省に情報提供者がいることは疑問の余地がない」》（『ディープ・スロート』）

ＦＢＩ内部に「ワシントン・ポスト」との内通者がいることを疑い、《ＦＢＩの情報源から漏れた可能性がある部分を突き止め、そのような情報を得られる立場にあった人間を洗い出す》（同）よう指示が出された。部下に指示を出した張本人は、なんとネタ元であるＦＢＩ副長官その人だ。

大統領を辞任に追いこむほど確度の高い資料をもち出せる人間は、ＦＢＩの中でもごく一部に限られている。当然、ＦＢＩ副長官にも疑いがかけられる。ＦＢＩは、マーク・フェルトを含めた内部の人間を疑って調査を進めていた。

自分がネタ元ではないことを証明するため、マーク・フェルトはものすごい裏工作を仕組んでいく。いったんは自分自身を疑いのリストに入れ、のちに自分の名前をそのリストから外すための工作を仕組んでいった。非常に手がこんだことをやったわけだ。

マーク・フェルトもすごいが、秘密を守り通して彼を徹底的に利用し、本人がカミングアウトした瞬間に今度はその秘密を正々堂々と暴きにかかるボブ・ウッドワードはもっとすごい。相手が大統領だろうがＦＢＩだろうが、まったく萎縮《いしゅく》するということがない。こういう本を読むと、アメリカ民主主義のすごみを感じる。

草薙厚子さんの場合は、情報源である崎濱医師を守れず、逮捕・起訴まで追いこんでしまった。「情報源の秘匿」云々以前に、彼の信頼を完全に裏切り、口もきいてもらえないような状況になってしまった。ボブ・ウッドワードと「ディープ・スロート」の関係とは、比べるのも申し訳なくなってくる。

第五章 「週刊新潮」大誤報事件

朝日新聞阪神支局襲撃を実名で告白

「週刊新潮」（二〇〇九年二月五日号）に、《私は朝日新聞「阪神支局」を襲撃した！》という告白手記が載った。実名告白したのは、島村征憲《まさのり》という男性だ。

朝日新聞阪神支局襲撃事件は、一九八七年五月三日に起きた。散弾銃で銃撃された小尻知博記者は死亡し、別の記者も重傷を負っている。朝日新聞をねらった一連のテロ事件について「赤報隊」が犯行声明を出し、犯人は不明のまま時効を迎えた。「週刊新潮」に登場したのは、時効まで逃げ切った真犯人だというのである。

《私が実行したのは、「東京本社」「阪神支局」「名古屋本社寮」襲撃と、「静岡支局爆破未遂」の四つ。（略）私は、ある人物から「朝日を狙ってくれ」と頼まれて実行しただけ。頼んできたのは、ある公的な組織に属する人物です。（略）正直に言うと、動機は金だった。（略）ともかく、私は結果を出す必要があったのです。記者を一人か二人殺す、という結果を。》（「週刊新潮」二〇〇九年二月五日号）

告白手記は滔々《とうとう》と続き、記事は四週連続で掲載された。一回目の告白記事が出たときから、朝日新聞や「週刊文春」はその信憑性《しんぴょうせい》を問題にした。私も読んだ瞬間に、後で述べるような理由から「これはヤバいな」と思った。

何のつながりもない事実がウソを信じる理由に

連載は中断されることなく四回で完結した。その後の騒ぎは新聞や雑誌で報じられたとおりなのでここでは説明を省くが、最終的に、「週刊新潮」の早川清編集長は《朝日新聞「阪神支局」襲撃事件　「週刊新潮」はこうして「ニセ実行犯」に騙された》という一〇ページの手記を書いた（二〇〇九年四月二三日号）。「週刊新潮」編集部が、ウソつき男にどんどん騙されていってしまう、そのプロセスはかなり興味深い。

《証言はディテールに富み、内容にほとんどブレがない。人名や時期などには曖昧な点が多々見られたが、何しろ二〇年前の話である。記憶違いがあって当然だ。》

《公表されている情報とは違う話を自信をもって証言するところに、かえって妙なリアリティを感じたりもした。》

島村征憲という男は、在日アメリカ大使館員の佐山（仮名）から朝日新聞阪神支局の襲撃を依頼されたと主張する。佐山からカネも受け取ったそうだ。

《アメリカ大使館の名前が出てきたところで、眉に唾をつける。そんな人物が実在するのだろうか。

ところが、島村氏が網走刑務所に収監される前に使用していた携帯電話に登録があるではないか。登録されていたのは、「アメリカ大使館」の代表番号、「アメリカ大使館佐山」の携帯の番号、それからもう一人、「アメリカ大使館鹿島（仮名）」として携帯の番号が残されていた。実際に大使館職員と接触があったと思しき記録があるのである。

佐山氏から受け取ったという多額の金には、銀行に振り込まれたものもある、と島村氏は証言していた。そのため取材班は、金が振り込まれたという銀行の札幌支店を島村氏を伴って訪れ、入金記録の調査を依頼した。が、銀行の返答は、二〇年前の記録は保管していない、というものであった。今となっては大金の入金記録などなかったのだろうと思うが、少なくとも、島村氏は記録の調査を依頼するために銀行に行くことを全く嫌がらなかった。多額の入金が嘘なのであれば、何らかの理由をつけて銀行へ行くのを拒んだのではないだろうか。》（前出・早川編集長の手記）

「アメリカ大使館」「アメリカ大使館佐山」「アメリカ大使館鹿島」に電話をかけていたことは、たしかに発信履歴を見ればわかるだろう。携帯電話にナンバーが登録してあるといっても、わざと意味深な登録名にしているだけかもしれない。ワン切りしただけで、通話をしていない可能性もある。

そもそも、電話を直接かけられる仲にあるかどうかという点と、銀行にカネを振りこんでもらったかどうかという点は何のつながりもない。しかし、編集部の頭の中では、何のつながりもない事実が、ウソを信じる理由になってしまう。

ウソに引っかかるケースの典型的パターン

「週刊新潮」早川編集長の手記を、さらに紹介しよう。

《掲載まで約二〇〇時間に及ぶ取材班とのやり取りの中で、彼の証言にほとんどブレがないとの報告も受けていた。島村証言は記事にして世に問う価値があるのではないかと思い始めていた。

その後押しをしたのが、

「(証言は) 実名のほうがいいでしょう。ここまで喋ってしまったらもう何かを隠しても意味がない」

という島村氏の言葉だった。仮に島村氏の証言が嘘だとすると、実名で自分が実行犯であると騙《かた》る目的は何なのか。

金銭を要求したことは一度もない。売名とも考えにくいし、覚醒剤の常用で頭がおかしくなっているという様子も全く見受けられない。ということは、この証言は……。すでに危うい橋を渡り始めていた。》(同)

確信を深めた「週刊新潮」編集部は、こうしてウソの告白手記を四週連続で載せてしまった。カネ目的でも売名行為でもない。こんなウソをつくメリットはどこにもないので、真実に違いない。こう考えてしまうことも、実はウソに引っかかるケースの典型的なパターンだ。

「空想虚言」の四つの特徴

九二年に『二四人のビリー・ミリガン』(ダニエル・キイス著、堀内静子訳、早川書房、上下巻) という本が発売され、大ベストセラーになった。ビリー・ミリガンという犯罪者の頭の中では、二四種類もの多重人格がクルクル入れ替わっていたそうだ。

連続幼女殺人事件を起こした宮﨑勤の精神鑑定結果は、三種類に分かれてしまった。採用はされなかったが、そのうち一つの鑑定結果が「多重人格」だった。

ちなみに精神鑑定で心神喪失が認められれば、起訴さえされないか、あるいは刑法第三九条《心神喪失者の行為は、罰しない。》によって無罪とされる。刑法第三九条第二項《心神耗弱者の行為は、その刑を減軽する。》が適用されれば、死刑の求刑が無期懲役に減軽されてしまったりもする。しかし人格障害では責任能力が認められる。宮﨑に対しても、裁判所は人格障害という精神鑑定結果を採用し、死刑判決が下された。

オウム真理教の麻原彰晃《しょうこう》教祖に会った人に聞けば、どう見ても正常な人間には見えないそうだ。これもやはり人格障害だ。

専門書や学術論文を読むと、ビリー・ミリガンや麻原彰晃のような人物の特徴について解説が載っている。ドイツでの研究歴が長いが、日本でも古くは菅又淳「詐欺累犯罪の精神医学的・犯罪生物学的研究――虚言性精神病質人格の類型とその社会的予後に対する寄与」（精神神経学雑誌」第五八号、一九五六年刊）などがある。解離性障害の中には、次々とウソをついておもしろがるタイプの人間がいる。

最近では精神医学者の中谷陽二さんが、『司法精神医学と犯罪病理』（金剛出版）の中で、「空想虚言」の特徴を以下の四通りにまとめている。

《①語られるストーリーはまったくあり得ないというものではなく、真実の基盤の上に築かれている。②ストーリーは持続する。③ストーリーそれ自体は私益のためではないが、自己拡大(self-aggrandizing)の性質を持つ。④反論されると、それが偽りであることを認め、その点で妄想と異なる。》

島村征憲という人物は、まさにド真ん中なのだ。

カネも売名も目的ではない、快楽としてのウソ

さらに『司法精神医学と犯罪病理』によれば、空想虚言の特徴は――。

《世人が関心を持つ話題を繰り広げ、自分と聞き手がともに興じること、座談の主役を演ずることに何よりも意味があり、聞き手の反応から醸し出される〝乗り〟が快楽をもたらす。(略)語られる内容の真偽性には一義的な重要性はない。虚構か現実かという二者択一ではなく、両方の世界を――なかば意識し、なかば無意識に――行き来できるところに空想虚言者の特異な能力がある。》

空想虚言の人は、冗談とも本気ともつかないしゃべり方をする。その結果、本気で話を信じる人を周囲に引き寄せることになる。ウソの話を他人にしゃべっているうちに、自分自身も本気で信じてしまう。そのため話の内容には、やけに説得力が出てくるのである。

空想虚言の人たちは、とにかく記憶力がいい。「週刊新潮」を騙した島村という男など、二〇〇九年まで網走刑務所で服役していたわけだから、そこで犯罪者の話をいろいろ聞ける。そういう話を記憶し、自分流にアレンジするのが得意なのだろう。映画を観れば一回でストーリーを全部細かく記憶し、二本を観れば二つの話をきれいにつなげられる。そんな特殊能力をもっている空想虚言者もいる。

いわゆる詐欺師は、ウソをついてカネを得ることを目的にしている。しかし空想虚言の人たちは、ウソをついた結果金品をもらえなくても全然かまわない。カネが目的ではなく、人を騙すことそれ自体が自己目的化してしまうのだ。自分の話を聞いた週刊誌の記者がウラ取りに奔走するなど、彼らにとっては最高のシチュエーションに違いない。

空想虚言に関する知識がもし「週刊新潮」の記者にあれば、今回のようなことにはならなかったのではないか。年齢やキャリアとは関係ない。こうした構図があることを知ってさえいれば、たとえ二〇代の新米記者でも、被害を防ぐ可能性は確実に大きくなる。

タイトルだけ見れば中身がわかる朝日新聞の社説

「週刊新潮」編集長の記事を受け、朝日新聞（二〇〇九年四月一七日付）が《週刊新潮「騙された」ではすまぬ》と題する社説を書いた。

《報道機関も間違いを報じることはある。だが、そうした事態には取材の過程や報道内容を検証し、訂正やおわびをためらわないのがあるべき姿だ。事実に対して常に謙虚で誠実であろうと努力をすること以外に、読者に信頼してもらう道はないからだ。

今回の週刊新潮と新潮社の態度からは、そうした誠実さが伝わってこない。この対応に他の出版社や書き手たちから強い批判の声があがっているのは、雑誌ジャーナリズム全体への信頼が傷ついたことへの危機感からである。「騙された」ではすまない。》

言っている内容は正しいのかもしれないが、おもしろみに欠ける文章だ。一七字×六六行、四〇〇字詰め原稿用紙三枚弱の朝日新聞社説は、タイトルだけ見れば中身はだいたい全部わかってしまう。

「週刊新潮」編集長は、なぜ自分たちが騙されてしまったのか、一〇ページにわたって克明に経緯を記した。居直りと取る人もいるだろう。だが、クスリと笑ってしまう部分もある。朝日新聞の〝あくび養成社説〟に比べれば、「週刊新潮」編集長の文章のほうがはるかにおもしろい。「週刊新潮」は、実にいろいろな言い訳をしている。どんな言い訳が出てくるのか、最後までまったく予想もつかない。最後まで、ぐいぐい読ませる力がある。

八〇〇万部（朝日新聞）対四四万部（「週刊新潮」）だから、両者の部数は一ケタ違う。朝日新聞の人たちは「うちとは権威も歴史も全然違う」と言いたいのかもしれない。だが、そんな朝日新聞の社説はいつも予定調和だ。現実は、《「騙された」ではすまぬ》と偉そうに言うだけではすまない。

なぜ阪神支局襲撃事件を毎年追悼するのか

朝日新聞阪神支局襲撃事件については、もう一つ、どうしても言っておきたいことがある。銃撃された小尻知博記者は死亡した。居合わせた別の記者も、指を失う重傷を負っている。朝日新聞は事件が起きた五月三日前後になると、毎年同僚の死を悼《いた》む大特集記事を組んでいる。五月三日当日など、一面全面をこの事件の記事で独占するほどだ。

散弾銃で突然記者を銃撃し、言論の自由を脅かすことは断じて許せない。時効成立まで逃げ切ったからといって、罪が消えるわけではない。こうした朝日新聞の主張は正しいとは思うが、誰も公然とは違和感を表明しないので、家族を犯罪被害で殺されたことのある者として、ひとことだけ申し上げておく。

年間一〇〇〇人前後もの人たちが殺人事件の被害に遭っているのに、なぜ朝日新聞社員の死だけを超特別扱いするのか。結局のところ、彼らは他人の死を小さく見ているとしか思えない。同僚の死を特別に悼み続けるのならば、社内報でやればいい。同僚としての悔しさはわかるが、それは内に秘めればいいことだろう。新聞の紙面を毎年一ページも二ページも独占して伝えるようなことではない。彼らは、なぜ自分たちの組織だけを特別視するのだろうか。

朝日新聞で毎年のように特集で追悼記事が組まれる事件など、せいぜい阪神・淡路大震災くらいしかない。阪神支局襲撃事件の追悼記事が、事件から二〇年以上が経った今でも紙面を独占しているのは、身内優先意識に基づいたアンバランスとしか思えない。

一〇〇%のウラ取りなど不可能だ

「ウラ」や「ウラ取り」とは、マスコミの記者や警察が使う専門用語である。
《うら〔裏〕《新聞》証拠。証言。「うらづけ」から。》（『業界用語辞典』米川明彦編、東京堂出版）
《記者たちは継続的な事件や政・官・財の汚職などを追及する場合、「裏を取ったか」としきりに言う。記事にする場合の動かしがたい証拠が「裏」であり、関係者の証言や、物的資料のあることがこれに当たる。政変の予測記事などの場合も、キャップやデスクが複数の記者の情報を集めて確証を得ていく。記者たちの取材活動は、「裏を取ること」をめぐる苦闘だといってもいい。》（坂本龍彦・生井《いくい》久美子著『新聞記者の仕事』岩波ジュニア新書／注釈「新聞報道の危険性」より）

新聞記者が、警察発表をそのまま記事にして垂れ流すことがあるのは、先に述べたとおりだ。その場合、警察がクロだと結論づけているので、ウラが取れたことになっている。また最近では、テレビ朝日が金正日《キムジョンイル》総書記の三男・金正雲《キムジョンウン》の写真を〝スクープ〟した。ところが、この写真は韓国に住む別人のものだった。

このような現実を棚に上げて、週刊誌だけが「ウラづけが足りない」と糾弾されるのは、構造としておかしな話だ。

「週刊新潮」の記者たちは、これまで幾多のスクープを放ってきた。そんな百戦錬磨の週刊誌記者であっても、たった一人のストーリーテラーに騙されてしまうことはある。誰も報じたことのないスクープをモノにしたい週刊誌記者は、常にストーリーテラーに騙されてしまう危険性を内包していると思ったほうがいい。

新しいニュースを追う編集者や記者にとって、空想虚言癖をもった人物が取材源に混じる可能性はゼロにはできない。また、後で述べるように、そもそも一〇〇%のウラを取ること自体が不可能だ。ウラ取りを完璧にして誤報をゼロにするなどということは、SF映画に出てくる超管理・監視社会でも実現しない限り不可能なのである。

誤報をゼロにせよとは、突き詰めて言うと北朝鮮やキューバのような国を作れということだ。北朝鮮の国営放送は、金正日総書記の指揮のもと一律の報道をしている。金正日の意向に反する報道は、一〇〇%流れようがない。誤報ゼロとはそういうことなのである。そんな社会は、気持ちが悪いと思う。

日本の新聞記者は、官僚や警察が記者クラブで発表した情報をそのまま流す。彼らが言っていることなのだから、間違いはないという前提に立っている。ウラ取りが完璧でないのは、週刊誌に限らない。新聞社やテレビ局の記者が、週刊誌に対して「ウラを取れ」と偉そうなことは言えないのである。

クロスワードを日本に紹介したのは誰だったのか

ウラ取りの難しさがわかる、楽しいエピソードもある。「サンデー毎日」創刊五〇周年記念号（七二年四月二五日号）で、阪本勝《さかもとまさる》さんというOB記者が創刊当時の自慢話をしている。

《ぼくの生涯の自慢が二つだけある。
一つは「放送」という言葉を作ったことや。（略）
もう一つはクロスワードや。おれがサンデーで初めて紹介して、たちまち日本中をブームに巻込んでしまった。》

すると、「サンデー毎日」編集者や別のＯＢ記者（尾関さん）が話に割りこんでくる。

《**編集部**　あのう、クロスワードの紹介者は――前田三男さんが生前「俺だ」って口癖にしてらっしゃったし、石川欣一さんも「俺だ」って自慢されてましたが。
阪本　そんなことはない。俺が英字紙で見付けて、英語を日本語に移し変えるのに苦労したから、これは確かだ。もっとも、サンデーの毎週の出題は、石川も前田も作ったな。読者が作って投稿してきた問題を掲載したこともある。
尾関　クロスワードは前田が……、ああそうだ。彼の紹介したのはチェスだ。》

クロスワードを日本で初めて紹介したのが阪本さんなのかどうかは、結局よくわからないまま話題は別方向へ流れてしまう。三人だけでなく、「自称一人目」がまだ何人もいるのかもしれない。

「サンデー毎日」の創刊当時は、まだ雑誌媒体として「週刊誌」というジャンルがはっきり確立されていたわけではなかった。芸能ニュースを報じてみたり、小説を載せてみたりと、いろいろな試行錯誤があったのだろう。そんな中で誰かが「クロスワードパズルはおもしろそうだ。これはイケる」とアイデアを出した。載せてみたらパッと火がつき、同時期に仕事をしていた三人がそれぞれ「俺が発案した」と言い出してしまった。三人のうち誰かがウソをついたというよりも、記憶の定着の仕方にちょっとしたズレがあるのだろう。

こんな罪のない話であっても、ウラを取るということは、編集者にとっては相当に難しい仕事なのである。

第六章 この世はウソの地雷原

ウソには五つの種類がある

大きく分けて、ウソには五つの種類がある。

第一に、社交辞令としてのウソだ。心の中では逆のことを思っていたとしても、「あいかわらずおきれいですね」と口先だけの挨拶をする。

第二に、皮肉というジャンルだ。『広辞苑』で「皮肉」を引いてみると、《骨身にこたえるような鋭い非難》《遠まわしに意地わるく弱点などをつくこと。あてこすり》とある。誰が見てもコワモテなのに、「あそこの社長は円満な人ですから」と事実とは違うことを言う。これが皮肉というやつだ。

第三に、その場の雰囲気が作り出すウソがある。ベッドの上でパートナーから「良かった？」と訊かれたら、たいていの人は良くなくても「良かったよ」とウソをつくものだろう。

第四に、特定の組織または誰か（たいていは自分）を守るため、あるいは飾るためのウソがある。自分の犯罪を秘書のせいにしたい政治家は、自分を守るためにウソをつく。秘書のほうも、ボスである政治家を守るためにゴニョゴニョとウソをついてしまう。

第五に、世論を誤らせる構造的なウソがある。新型インフルエンザは弱毒性であるにもかかわらず、「人類が滅びる」「六億人が死ぬ」と吹聴《ふいちょう》する。「鳥インフルエンザは人間に感染する可能性がある。感染が疑われる鳥は、全部焼き殺してしまえ」。こういうウソは、世論をミスリードして大パニックを招いてしまう。

社交辞令や皮肉であれば実害は少ないし、ベッドの上で簡単なウソをついたところで損する人はいない。ちょっと笑ってもらえれば、第一〜第三のウソは人を幸せにすることもある。

問題は、第四や第五のウソだ。この二種類のウソについては、多くの被害者が生まれてしまう。詐欺や名誉毀損事件の多くは、第四のウソに関連して起こる。第五章で紹介した「週刊新潮」のケースもそうだった。

実は一五年前、文藝春秋の雑誌も同じようなウソに翻弄されていた。

坂本弁護士一家失踪事件、「謎の男」の証言

ジャーナリストの江川紹子さんが、空想虚言男に騙されかけたことがある。江川さんは神奈川新聞の記者を辞めてからフリーになり、オウム真理教事件をずっと取材してきた。ほとんどライフワークのように取材を重ねており、オウム問題については日本一詳しいジャーナリストだったと言っていい。

一九八九年一一月、オウム問題に取り組んでいた坂本堤《つつみ》弁護士一家三人が失踪してしまった。実はオウム真理教の連中が三人を殺し、遺体を山中に埋めていた。のちに事件の詳細は明

るみになるわけだが、何年も真相は不明だった。江川さんは、事件の犯人を絶対に割り出さなければならないと必死に取材を重ねていく。

そんな彼女の前に、事件について知っているという男が現われた。

こうして、文藝春秋の「マルコポーロ」（九四年八月号）という月刊誌に、《捜査本部に出頭した謎の男。坂本弁護士一家失踪事件「私は拉致現場にいた！」》という記事が載ることになる。八ページにわたる大きな記事だ。

《坂本堤弁護士一家が忽然《こつぜん》と失踪してから、はや五年に近い歳月が経つ。失踪当初から、捜索活動に携わる私にとって、この五年間は、焦慮と絶望にいく度も襲われる日々であった。しかし失踪に関わる情報と聞けば、どんな遠隔地にも足を運んできた私が、一瞬、「これが真相ではないか」と直感した情報が一つだけある。》

文藝春秋の女性誌「ＣＲＥＡ」の編集部員が温泉を取材していたところ、たまたま居合わせた橋本孝（仮名）という男から坂本弁護士の話がもちこまれた。拉致・監禁されている坂本弁護士を目撃したというのだ。江川さんは早速、この情報提供者に接触した。

《私は氏と二カ月以上、行動をともにして証言のウラをとった。
また、橋本氏は神奈川県警捜査本部にも出頭、極秘裡に数十時間におよぶ事情聴取を受けている。橋本氏は県警の捜査本部から「君は参考人である」という通告まで受けた。その証言はそれほどリアリティがあり、説得力があったのだ。》
《リアリティ》とか《説得力》というのがキーワードである。この一文を読んだだけでも、本書第五章で取り上げた「週刊新潮」と共通するものが見えてこないだろうか。

「不自然だから」とかえって信じてしまう心理

橋本という人物は、江川さんのところにレジュメ（メモを記述したペーパー）をもって現われた。

《「本当は何も言わず、時効が成立するまでこのまま穏便にすませたいんです。全部分かれば私にも逮捕状が出てしまうから……」

のっけから、そんな物騒なことを言いながら橋本氏は、B４判三枚のワープロ打ち横書きの書類を示した。ペーパーには極秘と打たれていて、警察の調書のような体裁で告白がまとめられている。その中味を見ると、本人が坂本弁護士一家の拉致を目撃したこと、坂本氏が無惨な様子だったこと——などが詳細に綴られていた。》

私も二〇年以上いろいろな取材をしてきたが、犯罪に関わっていると自分から言ってきたケースは一つもない。ましてや、ワープロ打ちで「極秘」文書とやらをもって現われた人間など見たこともない。この時点ですでにかなり怪しい。江川さんはなぜ彼を怪しいと思わなかったのだろうか。

《私は息をのんだ。
これほどリアルな情報ははじめてだったからだ。》

記事では、橋本という人物の証言について細かく説明している。彼の案内で事件現場を訪ねてみれば、ちょっと怪しい発言も飛び出したりする。しかし江川さんはそのことで、橋本の証言を疑うどころかますます信じこんでしまう。

《むろん橋本証言には不自然な点も多い。［以下、証言のどこが不自然かを説明／中略］

しかし、興味深いのは、彼はこのような不自然な点を、敢えて辻褄《つじつま》の合うように説明しないところだ。

もし彼が計画的にウソの話を作り上げたのだとしたら、そして坂本弁護士の自宅を下見したり、当時の状況を詳しく把握するほど調べ尽くしておいたとしたら、こんな矛盾が明らかになるようなストーリーを作るはずがない。

しかも、彼は私がつきつけた真実に、証言を符合させることをほとんどしない。私は最初の一週間の取材で彼の証言は、自分自身の罪を逃れるためのウソは含まれているものの、基本的なストーリーにおいて無視することのできない情報だ、と判断した。》

こんなふうに解釈すれば、それこそ何でもアリだ。

「そんなウソをつくメリットがあるのか」

「実はその奥に真実が隠されているのではないか」

辻褄が合わないときにそんな考え方をすると、完全にドツボにハマってしまう。

橋本の証言が、あちこち矛盾だらけだということはわかっていた。でも、そんな矛盾だらけのストーリーをわざわざ作るはずがない。敢えて辻褄が合うようにしないところがかえって信じられる。そんなふうに、江川さんは逆さまに考えてしまった。

ウラ取りが全然できなかった江川さん

江川さんと「週刊文春」スタッフ五人は、橋本の証言が正しいかどうかウラ取り取材を進めていく。しかし、確かなウラを取れたのは《彼［＝橋本］の証言通り、本人は元ヤクザで前科があり、九州に関わりのある人物だった》という点くらいしかなかった。

情報提供者が元ヤクザかどうかということと、坂本弁護士一家拉致事件のことを知っているかどうか、あるいは事件そのものに当事者として関わっていたかどうかは、何の関係もない。江川さんが調べるべきことは、この人が本当に坂本弁護士を目撃したのかどうかという一点だ。しかし、確かめるべきことと、実際にわかったこととが根本的にズレている。

《約二カ月間、五人の取材班は徹底的に調査をしたが、橋本証言のウラはとれなかった。むしろ、彼の人品について好ましくない話ばかりが流布されていた。

スタッフと私たちは、この時点でこう結論づけた。

――彼の証言の中で、拉致、監禁に関わる部分だけは、異様にリアリティがある。だが、それ以外にはウソが多い。

一体なぜなのか？　彼が知っている全てを喋っていないか、あるいは、誰か本当の犯人に聞いた話を喋っているのだろうか……。》

坂本弁護士を目撃しただけでなく、拉致・監禁そのものに関わっているのではないかというところまで疑ってしまう。証言のウラが全然取れていないのに、なぜそんなふうに考えてしまうのか。

江川さんは、性格はちょっとキツそうに見えるかもしれないけれど、根は素直な人なのだろう。

《取材に関わっている期間、取材班が彼の生活の世話をした。住いを提供し、食事の世話をした。しかし私たちは彼に謝礼の約束はしていない。彼も「あんたたちからこのことで金を貰おうとは思っていない」と断言した。

考えれば考えるほど、彼がウソをついてまで事件との関わりを私たちに喋るメリットはあまりないのだ。

少なくとも橋本証言には何らかの真実が含まれているのではないか。私は今でもそう信じている。例えば、橋本証言は全部ウソだとしても、橋本氏のような人間が、事件の周辺に存在し、証言のような行動をしていたのではないか――そんな気さえするのだ。》

こうして江川さんは、八ページの〝スクープ〟を「マルコポーロ」に執筆した。

江川さんが深みにはまっていくプロセスは、第五章で取り上げた「週刊新潮」のケースとてもよく似ている。橋本という人物も典型的な「虚言男」だ。

「犯人蔵匿罪」と「大スクープ」のせめぎ合い

ただし「週刊新潮」のケースと江川さんのケースには、根本的な違いがある。

第一に、「週刊新潮」は「手記」という体裁をとっているものの編集部記者と〝犯人〟が完全に一体化しているのに対し、「マルコポーロ」のほうは、ライターに推測記事を詳細に書かせながら、編集部は冒頭のリード文で《その証言は真実なのか…》と逃げを打っておく〝手〟を忘れていない点。そして第二は、赤報隊事件はすでに時効を迎えているが、坂本弁護士事件は手記掲載時点でまだ時効前だったという点だ。

「週刊新潮」の取材班は、島村という情報源に住まいを提供していた。すでに時効後だから、マンションを借りて真犯人を匿《かくま》ったところで犯人蔵匿罪《ぞうとくざい》にはならない。坂本弁護士事件については、事情がだいぶ異なる。

《取材に関わっている期間、取材班が彼の生活の世話をした。住いを提供し、食事の世話をし

た。》

というところがポイントだ。橋本という男が真犯人だとすると、江川さんや文藝春秋のスタッフは犯人蔵匿罪に問われかねない。かなり危ない綱渡りをしているのである。犯人だと確信していないのであれば、マンションなり旅館なりの宿泊料を払って取材源を囲いこんでも問題はないだろう。しかし、江川さんたちは橋本が犯人の可能性もあるとにらんでいた。

仮に大スクープをモノにできたとしても、取材班が犯人蔵匿罪で逮捕されてはかなわない。どの時点で警察に通報するべきか。犯人蔵匿罪を避けながら、報道する優先権をどうやって自分たちが確保するか。彼らは非常に際どい判断を迫られていた。

大誤報をギリギリで回避した「週刊文春」

「週刊文春」元編集長の木俣正剛《きまたせいごう》さん（当時デスク）が、あるシンポジウムの席で当時の思い出を披露してくれた。

「週刊文春」の取材チームが組まれたのは九三年一二月一〇日前後、ちょうど年末年始の合併号を作らなければならないシーズンだ。先ほど説明したように、取材班は橋本を囲いこむために住まいを確保した。犯人蔵匿罪に問われることを避けるため、「文藝春秋」の名前ではなく、木俣デスクの奥さんの名前でウィークリーマンションを借りることにした。

当時の「週刊文春」編集長は、花田紀凱《かずよし》さん（現・月刊「WiLL」編集長）である。花田さんは昔からイケイケ路線だったため、正真正銘の大スクープならば、普段六〇万部くらいの雑誌を一二〇万部も刷る決断をしてしまう。年明けの一月二日ころまで粘った結果、結局記事はボツになった。雑誌も大量に刷らずに済んだ。ギリギリのタイミングで「大誤報の汚名をかぶるリスクには耐えられない」という判断が優先したのだった。正月合併号のシーズンだったため、普段の週刊誌製作のスケジュールより倍くらい余裕があったことも幸いしたのだろう。

「週刊文春」の取材チームは、橋本という男に神奈川県警へ出頭してもらった。すると警察は、証拠不十分で橋本を釈放してしまう。グレーで怪しいことには違いないが、犯人という確証はなかった。真犯人はオウム真理教の連中だったわけだから、結果的には警察の判断は正しかったことになる。

結局、「週刊文春」は大誤報を回避することができた。なぜ「週刊文春」はセーフだったのに、「週刊新潮」はアウトになってしまったのだろうか。「編集者の勘」という曖昧《あいまい》な言い方では、説明不足だと思う。

目的はカネなのか。売名なのか。犯人しか知りえないような新事実を暴露しているではないか。だが、その事実のウラ取りができない――。疑問点を全部打ち消していったときに、「空想虚言の人がいる」という視点をもてるかどうか。新聞記者や週刊誌記者にとって、それは生命線だと私は思う。

第七章　足利事件——誰が捏造したのか

「精液のDNA型が一致」と発表した科警研

二〇〇九年六月四日、東京高等検察庁は「足利事件《あしかが》」で無期懲役が確定していた菅家利和《すがやとしかず》さんを釈放した。ようやく、あたりまえの判断がなされた。

私はかつて「論座」（九六年八月号）で、菅家さん逮捕・起訴は完全に間違いであると断定したことがある（『情報系　これがニュースだ』文春文庫、第一九章）。自慢しているのではない。捜査や司法のド素人《しろうと》である私のような者でも、先入観なしで素直に見聞すれば、これが冤罪《えんざい》であることにすぐ気がつけたはずだ——という点を強調したいのである。

足利事件とは、いったい何だったのか。事件の概略を振り返ろう。

一九九〇年五月一二日、四歳八カ月の女の子・真実ちゃんが行方不明になった。捜索の結果、真実ちゃんの遺体は河川敷で発見される。事件から一カ月後、栃木県警の科学捜査研究所（科捜研）は、鑑定結果を発表した。川底から発見された真実ちゃんの衣服を検査したところ、服についていた精子三つが発見されたというのだ。普通、一ミリリットルの精液には一億個の精子が含まれている。三つしか見つからなかったという時点で、すでにかなり怪しい。

捜査本部は犯人像を「土地勘のあるB型のロリコン男」と絞り、捜査を開始した。菅家さんは犯人として疑われ、ゴミ袋に入っていたティッシュペーパーをこっそり取られてしまう。このティッシュペーパーについていた菅家さんの精子が、ＤＮＡ型鑑定に使われることとなった。
さらに九一年一一月二五日、警察庁の科学警察研究所（科警研）は鑑定結果を発表した。鑑定によって、真実ちゃんの衣服についていた精液のＤＮＡ型と菅家さんの精液のＤＮＡ型が一致したという内容だった。

肝心の質問にまったく答えられない技官たち

「論座」（九六年八月号）で、私は次のように記述した。

《警察庁の科警研が九一年十一月二十五日に作成した鑑定書（これがＤＮＡ型鑑定であり菅家さん逮捕の決定打になる）には、なぜか同じ真実ちゃんの半袖下着の、（県警の科捜研が一年半前に行った鑑定書に記された位置とは）ややずれた二ポイントの「斑痕からは、ほぼ完全な形態を示す精子及び精子の頭部が少数認められた」。これを鑑定人は法廷で「一万五百から一万二千個」と証言した。

しかし、当時の捜査状況をよく知る関係者によると、科警研は栃木県警からの再三のＤＮＡ型鑑定依頼を、付着精液が微量すぎるため鑑定不能との理由で辞退していた経緯があるという。しぶしぶ鑑定を引き受けて（略）三カ月もかけて鑑定がゆっくりなされ、この前後に半袖下着に付着していた精子の数が「頭部のみ三個」からいきなり「一万五百から一万二千個」に、なぜか増えたのである》（日垣隆『情報系　これがニュースだ』文春文庫）

科警研の行なったDNA型鑑定はインチキとしか思えない。

「論座」の記事が出た約半年後、私は科警研から呼び出しを食らった。オウム真理教の化学班みたいな白衣を着た八人に囲まれ、私は一人ツルし上げられた。彼らの主張は要するに、「自分たちの鑑定は間違っていないから、キミは主張を訂正しろ」ということだった。「我々が誠実に鑑定した結果だ」と言うので、「あなたがたは、一晩中川底に眠っていたTシャツからどうやって精液を取ったんだ」と訊いてみた。「科警研が用いたMCT118法は、世界的にもまったく信用されていないものだし、一カ所だけの異同で個人差を特定するのは横暴だ。日本の学会でも正しい方法として認められていないではないか」とも私は逆に詰め寄った。データを見せてほしいともお願いし、私自身が納得できたなら堂々と長大な訂正記事を書きます――とも明言した。すると、自分たちで呼び出しておきながら、彼らは私の質問に何一つ答えられず黙ってしまう。

栃木県警の科捜研は、当初三つの精子を真実ちゃんの服から見つけたと発表していた。「顕微鏡を出してきて、その根拠を見せてほしい」と科警研の技官に言ったところ、彼らは「試料は全部使ってしまった」と言って黙ってしまう。こんなものが、科学的証拠と言えるのか。

さらに彼らは私に対して「これからは情報を出さないぞ」と脅しをかけてきた。これまでに来た素直で協力的な取材者は、そこで「すみません。これから気をつけます」と折れていたのだろう。少なくとも逆質問として「MCT118法でDNA型が一致したと言うなら、そのデータを見せてほしい」と訊ねた記者はいなかった。

お上から「DNA型が一致しました」と言われたときに「はい、そうですか」とすんなり納得してしまうのが日本の新聞ジャーナリズムだった、ということになる。少しでも好奇心があり、また本当にスクープ記事を書きたいと願う記者であれば、「分析データを見せてもらえますか」とか、新人ならば、「そもそも、DNA型鑑定ってどうやってやるのですか。一度見せてください」と頼めばいい。科学に弱くてよくわからないのならば、わかるまで何時間でも説明を求めればいいのである。

自分が納得のいくまで質問をできたら、本物のスクープを取れたかもしれない。多くの記者たちはスクープの大チャンスをみすみす逃したのである。

血液型診断の精度をちょっと上げた程度のレベル

前述したとおり、当時科警研が採用していたのは、「MCT118法」という第一染色体上の部位に目をつけたＤＮＡ型鑑定だった。彼らはこのＤＮＡ型鑑定と血液型を組み合わせて犯人を絞りこもうとした。しかし、残念ながらこの組み合わせでは一〇〇〇人に五人程度までしか絞りこむことができない。「黒髪で団子鼻で二重まぶた」という程度の組み合わせである。

私は別の研究所へ出かけ、自分のＤＮＡ型を検査してもらった。すると、偶然にも犯人のものと一致したのである。「ＭＣＴ１１８法」と難しい名前がついているが、そんなレベルの、およそ科学的証拠とは言えない検査だった。この検査は、非科学的かつ確率が低すぎるために、今は科警研ですら使われていない。

科学とは、未成熟な段階から常に進歩していくものである。大岡裁きが行なわれていた江戸時代には、指紋検査も血液型検査もなかった。オーストリアの病理解剖学者によってＡＢＯ式血液型が発見されたのは、一九〇〇年のことだ。ＡＢＯ式血液型は全部で四種類、Ｒｈ式血液型の分類は四〇種類ある。たかだかそれだけの分類でしかない。血液型が一致したからといって「お前が犯人だ」とはならないことは素人にだってわかる。

科警研だけが採用していた「ＭＣＴ１１８法」のＤＮＡ型鑑定は、血液型診断の精度をちょっと上げた程度にすぎなかった。「あなたはＢ型だから犯人です」では納得しないはずなのに、「ＭＣＴ１１８法では一致しました」と言われると「はあ、そうですか」と納得してしまう。そんな話はどう考えてもおかしい。

下野《しもつけ》新聞（二〇〇九年三月二一日付）は、「一九年目の真実解明へ　深まる科学への疑念」と題してDNA型鑑定に疑問を呈する大きな記事を載せていた。しかし、深まったのは新聞への疑念ではないのか？

一七年半前、彼らは「DNAが一致しました」という科警研の発表を「はあ、そうですか」と信用し、今回また、「再鑑定したら一致しませんでした」という発表を頭から信用している。疑わないという点においては、昔も今もやっていることは変わっていないのである。

DNA型鑑定第一号のPR材料にされただけ

足利事件の背後には、事件を「DNA型鑑定第一号」のPRとして大々的に利用したいという警察庁の思惑があった。

九一年一二月一日、読売、朝日、毎日の三大紙が〝スクープ〟を載せている。読売新聞は「幼女殺害／容疑者浮かぶ／四五歳の元運転手／DNA鑑定で一致」と一面トップ、朝日新聞は「足利市の保育園女児殺し／重要参考人／近く聴取／毛髪の遺伝子ほぼ一致／市内の四五歳男性」と社会面トップ、毎日新聞も「元運転手、きょうにも聴取／現場に残された資料／DNA鑑定で一致」と報じた。

地元紙の下野新聞や栃木新聞、産経新聞や共同通信などは、完全に出し抜かれる格好となった。DNA型鑑定第一号がうまくPRできれば、科警研が大型予算を取れる。DNA型鑑定の分析機器を導入できるかどうかの瀬戸際だった――。警察庁は、わざと逮捕前日に影響力の大きな全国紙に絞って情報をリークしたのである。

捜査員から髪の毛を引っ張られたりヒジで殴られたり、一五時間も繰り返し罵倒《ばとう》されるうち、菅家さんはとうとう犯行を〝自供〟してしまう。辻褄が合わないところばかりであるにもかかわらず、捜査員に迎合してペラペラありもしないことをしゃべってしまった。早くラクになるため、捜査員の誘導尋問にぴったりハマってしまう。数多くの冤罪事件に共通するメカニズムだ。

足利事件の調書には次のようなくだりがある。

《四歳くらいの赤いスカートに、色は忘れたが短いTシャツのような上着を着た女の子が目についた。その子は非常にかわいい顔をしていたので、「自転車に乗るかい」と声をかけたところ、「乗る」というような返事をしたので、私は自転車の荷台にまたがるようにして乗せ、そこからすぐ近くの渡良瀬川まで乗せて行った。》

実際に現場へ行ってみれば、とても子どもを荷台に乗せながら自転車で走れるような道ではない。非常に急な坂道が続くため、自分一人で自転車をこぎ続けることさえできないのだ。

自転車に乗った菅家さんは、河原で女の子を降ろしたことになっている。ところが、夕暮れどきのその時間帯には河原で野球をやっている人がたくさんいた。しかも、菅家さんを知る人たちだった。にもかかわらず、誰も彼を目撃していない。野球部の監督は、「そんなところに自転車を止めたら、危ないから未知の人でも絶対に注意したはずだ」と法廷で証言している。

およそありえないことばかりが、警察の調書には無数に出てくる。

この期に及んでも悪あがきしていた栃木県警

今回、東京高裁は菅家さんの再審請求に応じてDNA型の再鑑定を行なった。次の新聞記事を改めて読んでいただきたい。

《女児の衣服に残された体液のDNAを改めて鑑定したところ、菅家受刑者のDNA型と一致しなかったことが［五月］八日、明らかになった。再鑑定は、検察側、弁護側がそれぞれ推薦した二人の鑑定人に東京高裁（矢村宏裁判長）が依頼したもので、いずれも「不一致」と結論づけられたという。》（朝日新聞二〇〇九年五月九日付）

《弁護側推薦の鑑定人は衣服の深層部分まで染みこんだ体液を採取。飛沫《ひまつ》とみられるしみからも体液を採取し、両方のＤＮＡ型が一致することを確かめたうえで菅家受刑者のＤＮＡ型と比較する手法を採った。》（同）

これを読むと、検察側と弁護側双方の鑑定は同じ結果が出たように見える。確かに検察側の鑑定人は、菅家さんのＤＮＡと証拠品に残されたＤＮＡは一致しないと結論づけた。ただし、それは最新の方法を使った鑑定の話だ。彼らは、当時行なわれたＭＣＴ１１８法の鑑定は誤りではなかったと未だに考えている。

一方で弁護側の鑑定人は、ＭＣＴ１１８法を使って再鑑定をやってもＤＮＡは一致しない、最新の鑑定法でも一致しないと結論づけた。

当時行なわれたＭＣＴ１１８法の鑑定は、正しかったのか間違っていたのか。どこかで捏造《ねつぞう》が混じってはいなかったのか。そこまで突っこんだ記事を書く記者はいない。

次の新聞記事も、注意深く読んでいただきたい。

《検察側はぎりぎりまで釈放をためらっていた。東京高裁が再審請求の即時抗告審で、ＤＮＡ型の再鑑定を行う見通しとなったのが〇八年一〇月。弁護団は勢いづいたが、法務・検察はまだ余裕を見せていた。ある幹部は「新たに鑑定しても負けない根拠はある」と語った。

しかし、再鑑定の結果は、弁護側、検察側がそれぞれ推薦した鑑定人が、いずれも「ＤＮＡ型が一致しない」。検察側の自信は、もろくも崩れた。

　検察幹部は「釈放しなければならないかもしれない……。ただ、被害者がいるから簡単には引き下がれない」と漏らした後「やれることをやって犯人ではないということになれば、釈放する方が潔い」。

「やれること」とは、栃木県警の当時の捜査員ら数十人のＤＮＡ型との照合作業。鑑定には女児の衣服に残った体液が試料として使われたが、旧鑑定で中心部分が使われたため、再鑑定では周辺部分が使われた。そのため他人が触って、犯人とは別人の汗などのＤＮＡが混ざった可能性があった。だが検察関係者によると、先月下旬、捜査員らのＤＮＡ型とは一切一致しないとの結果が突きつけられた。》（朝日新聞二〇〇九年六月五日付）

　新聞記事では《犯人とは別人の汗などのＤＮＡが混ざった可能性があった》と書かれているが、汗と精液の違いがわからないＤＮＡ鑑定などありえない。区別がつかないことを前提にしているのが事実なら、そんな鑑定は一体何なのだということになる。この期《ご》に及んで栃木県警は、醜い悪あがきをしているのだ。だが書いている記者自身がそのことをよくわかっていない。

科警研は捏造していたとしか思えない

次の新聞記事は、もう少し事情を理解して書かれている。

《「釈放は避けられない」。菅家さんと女児の着衣に付着していた体液のDNA型が不一致との再鑑定結果を通知された五月八日直後、検察当局は、最高検に伊藤鉄男次長検事を筆頭とする調査チームを立ち上げ、捜査から公判までを検証することまで想定、事実上の〝白旗〟を上げていた。

だが、捜査段階でDNA鑑定をした警察側の反応は違った。「捜査員の汗などが被害者の着衣に付着した可能性もある」。捜査員のDNAと一致すれば、弁護側の試料は事件後に付着したものとなり、無罪の証拠にはならない。捜査員ら約七〇人の鑑定要望に対し、検察内部では「裁判官なども触っている可能性もある。これ以上の鑑定は意味はない」との否定的な意見が強かったが、押し切られる形になった。しかし結果はいずれも不一致だった。》（産経新聞二〇〇九年六月五日付）

仮に捜査員の汗が付着していたとしても、容易に見分けられるに決まっている。万が一にも捜査員の精液が証拠品についていたとしよう。その捜査員は、いったい密室で何をやっていたのか、という話になってしまう。

二重の意味で、警察は見苦しい悪あがきをしているのである。

改めて思う。当時のMCT118法鑑定において、科警研は捏造をしたとしか思えない。科警研のウソと秘密に迫るべきときがきている。

菅家さん逮捕後も新しい事件が起きていた

菅家さんが犯人とされたのは、広域幼女連続殺人事件のうちの一件だ。最初の事件は、七九年八月三日に起こっている。五歳の子どもが行方不明になり、遺体の遺棄現場は真実ちゃんが捨てられていた場所のすぐ近くだ。

二番目の事件は、八四年一一月一七日に起きた。足利市内で行方不明になった五歳の子は、それから一年四カ月後に自宅近くの畑で白骨死体として発見された。

三番目の事件は、八七年九月一五日、足利市近くの群馬県尾島町（現太田市）で起きている。行方不明になった小学二年生の女の子が白骨死体として発見されたのは、それから一年二カ月後の八八年一一月二七日のことだ。

これら三つの事件が未解決のまま宙に浮いた中での、菅家さんの逮捕だった。これらの広域幼女連続殺人事件の犯人は同一人物と目されていたわけだが、結局菅家さんは真実ちゃんの事件についてしか立件されていない。残り三件の犯人は、依然として不明のままだ。

さらに、菅家さんが東京拘置所の中にいた九六年七月七日には、四歳の女の子が群馬県太田市で行方不明になっている。行方不明になる直前、女の子は母親のところにやってきて「いいおじさんがいるよ」と話していた。この事件の犯人も、未だに捕まっていない。

五件の事件の犯人が一人か複数かはわからない。すべて同一犯人とも言い切れないだろう。しかし少なくとも、菅家さんが拘置所に入っている間に五件目の新しい事件が起きていることは確かだ。

一七年半前に行なわれた鑑定は怪しいことが認められ、ようやく高裁での再審が決まった。菅家さんの冤罪を晴らすことと、真犯人を捕まえることとは別問題だ。

彼が一連の事件の犯人ではありえないことを、警察は途中から気づいていたはずだ。七九年八月と八四年一一月、八七年九月に起きた三件の事件についても、菅家さんのアリバイは成立していた。にもかかわらず、DNA型鑑定第一号の発表をしたいがために、彼らは一気に突き進んでしまった。

事件の真犯人は未だに捕まっていない

二〇〇九年六月四日、菅家利和さんは一七年半ぶりに拘置所生活と無期懲役刑から釈放された。予算と警察庁長官賞ほしさから彼を犯人にでっちあげた科警研の技官たち、また彼が犯人でないことをうすうす気づきながら起訴し、かつ死刑ないし無期懲役を求め、それに疑いを挟む能力をまったくもたなかった多数の裁判官——。

彼らには、菅家さんに心からの謝罪をしてもらいたい。

第九章でも述べるが、謝罪には三つの要素が不可欠だ。①謝意を誠実に表明する、②失敗に至る経過を詳しくそのつど説明する、③償いをする。これらのうちどれかが欠けてしまっては、謝罪は完全なものとはならない。

二〇〇九年六月一七日、栃木県警本部長は菅家さんに直接謝罪をした。六月二六日には警察庁長官が退任している。科警研でも、いずれ捏造の事実が明らかになるだろう。問題は、ただ謝ったり幹部のクビを飛ばすだけでは謝罪にならないことだ。③については、菅家さんが国家賠償請求訴訟を起こせばそれなりの賠償金が出されることだろう。しかし②については、栃木県警の捜査官や科捜研、警察庁の科警研の後輩たちが勇気をもって検証する以外にない。

もちろん冤罪は許されるべきではないが、完全になくすことはできない。誤りに気づいたときには迅速に舵《かじ》を切るべきであり、どのセクションの人が、いつ、どこで、どのように、なぜ捜査や公判維持を誤ったのかを公表すべきなのである。個々の役人をツルしあげるためにではなく、誤りを誤りとして認め、関係者に謝罪し、みなで再起を誓うためにだ。

すでに裁判員制度が始まった。素人にこんな複雑な事件が判断できるのか、という意見も軽々しくニュースや新聞紙上で開陳されることだろう。しかし、閉鎖的でない教養と常識的な判断力があれば、素人のほうがプロの裁判官よりずっとマシな評決ができるとあらためて思う。

おそらく足利周辺に、連続幼女殺人魔は今も狂気をもって、まさに野放しにされている。冤罪は正されつつあるとしても、これだけ無為な時間が過ごされたがために、また別の犠牲者が出ていたかもしれない。

菅家さんの冤罪が晴れたことは、決して事件のゴールではない。栃木県警、東京高検ほか関係者は、犯人は必ず別にいるという事実から、決して目をそらしてはいけない。

第八章　名誉毀損――高騰して何が悪い

「『サンデー毎日』は電車賃をケチる」は名誉毀損か

過日、週刊誌の編集長が大勢集まるシンポジウムが都内であった。「サンデー毎日」編集長だけは、なぜか当日になってドタキャンしたらしい。きっと、会場に来るための電車賃がなかったのだろう――という推測記事がネットで書かれたとする。

《公然と事実を摘示《てきじ》し、人の名誉を毀損した者は、その事実の有無にかかわらず、三年以下の懲役若《も》しくは禁錮《きんこ》又は五十万円以下の罰金に処する。》(刑法第二三〇条)

これが名誉毀損の定義だから、先のような文章を公然と書いたら、まさに名誉毀損ド真ん中だ。

もっとも名誉毀損ではあっても、大声で抗議するほうがかえって損をするシチュエーションがある。「サンデー毎日」編集長が先の文章を名誉毀損で訴えたら、恥ずかしいのは明らかに編集長のほうだ。冗談で済むか済まないか。これは刑法上の定義と並んで、名誉毀損のとても重要な要素だ。

自分が名誉毀損されたと思ったとき、かつては電話で怒鳴りつけたり、「法的手段も辞さない」という構えで文書を使って抗議するのが主流だった。まずはそうやって抗議し、怒りが収まらない場合に裁判を起こした。ところが近年、電話やファクスやメールによる抗議はまったく経ずに、いきなり裁判に訴えるケースが増えてきた。冗談では済まないケースが増えてきたということだ。

名誉毀損裁判の賠償額が高額化していることも、近年の特徴だ。なぜ賠償額が高額化していったのか。そもそも高額化して何が悪いのかを、この章をとおして考えてみたい。

五〇〇万円ルールはどうやってできたのか

二〇〇〇年以降、それまではせいぜい数十万円が相場だった名誉毀損裁判の賠償金額が、一〇〇万円単位、一〇〇〇万円単位と一気にケタが変わっている。

歌手の尾崎豊さんの妻がフリージャーナリストを訴えた裁判では、二〇〇〇年二月に五〇〇万円の賠償判決が下った。二〇〇一年二月には、女優の大原麗子さんが「女性自身」を訴えた裁判で五〇〇万円の判決が出ている。

巨人軍の清原和博選手が「週刊ポスト」を訴えた裁判では、二〇〇一年三月の一審で初めて一〇〇〇万円という大台に乗った。その後一〇〇〇万円前後の高額賠償判決はたびたび続き、二〇〇九年三月には、「週刊現代」が報じた大相撲八百長《やおちょう》疑惑の記事について一五四〇万円、四二九〇万円という高額賠償の判決が相次いで出ている。

『名誉毀損・プライバシー　報道被害の救済――実務と提言』（監修：宮原守男、編集：松村光晃・中村秀一、ぎょうせい）では、一九九八年一月から二〇〇四年二月までに判決が出された名誉毀損裁判の賠償額が計算されている。

その計算によると、九八年一月〜二〇〇〇年一二月については一二九万三九二八円、二〇〇一年四月〜二〇〇四年二月は四〇九万九七〇二円だ。差額は二八〇万五七七四円にのぼり、《平成一三年［＝二〇〇一年］頃を境として損害賠償の認容額が高額化していることが顕著である。》（同）

元裁判官の塩崎勤さん（現・法政大学法科大学院教授）は、「判例タイムズ」（二〇〇一年五月一五日号）で「名誉毀損による損害額の算定について」という論文を発表した。

《近時の人格の価値に対する高まりに照らして、従来の一〇〇万円ルールは今や著しく低額というほかなく、（略）産業計全労働者の平均年収額（約四九六万円）にほぼ相当する五〇〇万円程度をもって一般的な平均基準額とするのが相当とする。その上で、被害者が重要な公職にある政治家、高級官僚、会社役員、弁護士、医師、学者、芸能人などの著名人などについては原則として慰謝料額を増額してしかるべきであるし、名誉毀損記事が興味本位の暴露趣味的なものであったり、極端に揶揄《やゆ》、愚弄《ぐろう》、嘲笑《ちょうしょう》、蔑視的なものである場合にも、慰謝料額を増額するのが相当であろうとされ、いわゆる五〇〇万円ルールを提唱した。》(前出『名誉毀損・プライバシー 報道被害の救済――実務と提言』)

デタラメを報じた悪質な名誉毀損記事については、労働者の平均年収程度の痛みを与えてもいいのではないか。法律家が、電卓を弾《はじ》きながらそんな提言をしている。

「命」の値段に計算式があるように

殺人事件の裁判において、裁判官の心情によって懲役三年であったり死刑であったり、量刑がメチャクチャに隔たってしまっては困る。裁判官の恣《し》意《い》性によって判決が決まるのではかなわない。被害者の人数や犯行の悪質さに応じた「量刑相場」という暗黙のルールが存在する。

交通事故についても、損害賠償額は気持ちが悪いほどきっちり決まっている。たとえば一六歳の女の子が、交通事故で亡くなったとしよう。そうすると、その子が高校でどのくらいの成績だったかが問題になる。四年制大学に行けそうだったのか、短大に行けそうだったのか、高卒なのかで、賠償額は一律に決まってくる。

子どもが大学へ行く可能性があったとすれば、その場合の生活費までがすべて露骨に計算される。損害保険会社の社員ならばよくご存知だと思うが、ホフマン方式、ライプニッツ方式といった逸失《いっしつ》利益の計算式があるのだ。

女の子よりも男の子のほうが賠償額が高く、高卒の子より大卒の子の方が賠償額が高い。これは子どもを亡くした親にとってはきわめて残酷だが、やむを得ない。個別の事情をすべて考慮して逸失利益を計算していたら、どうしても裁判が恣意的になるし、そもそもいつまで経っても裁判が終わらない。

交通事故における逸失利益の計算式は、傷害や過失致死、殺人などさまざまな事件の損害賠償額の算定にも使われている。

それに相当するような計算式が、名誉毀損裁判に関してはまったくなかった。そこで、日本の法律家が二〇〇〇年前後、初めて名誉毀損の損害額の算定に着手する。無形損害はどのくらいあるのか。名誉毀損の記事によって、人がどのくらい社会的評価を下げたのか。過去の名誉毀損裁判の事例を参照し、海外の例とも比較しながら、日本における名誉毀損裁判の賠償額が研究されていったのである。

「ジュリスト」(九九年一一月一日号)では、弁護士の喜田村洋一さんが「出版による被害に対する救済」という論文を書いている。「判例タイムズ」(二〇〇一年五月一五日号)では、先ほど紹介した塩崎勤さんが「名誉毀損による損害額の算定について」という論文を書いた。半年後の

「判例タイムズ」（二〇〇一年一一月一五日号）では、司法研修所が「損害賠償請求訴訟における損害額の算定」という論文を、裁判官の井上繁規さんが「名誉毀損による慰謝料算定の定型化及び定額化の試論」という論文を発表している。

これらの研究が、実務法律家や研究者の間でテキストとされていった。

名誉毀損高額化の言質を取りつけた公明党議員

名誉毀損賠償金の高額化に関して、九八年一〇月六日から二〇〇三年四月二二日にかけて、国会で計一四回質問が行なわれている。衆参両院の法務委員会や予算委員会などで論戦を繰り広げたのは、すべて公明党の議員だ。答弁に立っているのは、法務大臣の場合もあれば最高裁長官の場合もある。

沢たまき氏（参議院議員、故人）の発言を振り返ってみよう。

《言論の暴力によって名誉毀損、プライバシー侵害に対する損害賠償額の実態は通常百万円が限度となっています。事実無根の捏造記事を掲載して名誉を毀損し何千万もうけておきながら、その損害賠償額が百万円というのでは、営利目的のメディアにとっては本当に安い必要経費ということになってしまうんですね。言論の暴力によってはかり知れない苦しみを精神的に受け、家族も巻き込まれ、職場や長年暮らした地域にもいづらくなる、さらには自殺に追い込まれる可能性もある、こういう目に見えない中でもう傷だらけになって血を流しているにもかかわらず、長く闘っても精神的な損害だからといって百万円程度というのでは、被害者感情としてはもちろん、一般国民の正義感からも納得できません。まさに書き得、書かれ損というのが現状であります。》（二〇〇一年三月二一日、参議院予算委員会の議事録より）

最高裁判所長官代理者の千葉勝美氏は、次のように応じている。

《委員御指摘のとおり、名誉毀損による損害額が低いのではないか、こういう意見があるということも承知しておりますし、マスメディアによる名誉毀損に対する被害回復を図るための慰謝料額の算定のあり方について我々としても十分問題意識を持っているところでございます。下級裁に対しましては、機会をとらえてこのような問題意識に立った情報提供をしているところでございます。（略）

委員御指摘の問題意識につきましては、徐々にでございますけれども裁判官の間にも浸透してきていると言ってもよいかというふうに思っております。我々もこの問題意識につきましては重く受けとめまして、今後とも下級裁に対して機会をとらえて情報提供していきたいと考え

ております。》(同)

次は公明党幹事長を務めた冬柴鐵三《てつぞう》氏の質問である。

《みだりに私生活を暴露されたり、あるいはみだりにプライバシーを暴かれたり、あるいは事によれば全く虚構の事実が写真入りで多くの読者が読むそのような媒体に掲載されるということは耐えがたいことでありまして、我々は、もちろん憲法には二十一条、表現の自由というものが保障されておりますけれども、我々国民一人一人にとっても、そのようなプライバシーを侵されないという自由があることは、もう憲法全体を読んでも明らかであると思います。(略)

マスメディアの目覚ましい発達、こういうものは非常に国民にとっては有用な面があるけれども、しかし、そういうような、一つ間違えば名誉を毀損するという影の部分もあると。私は、最近マスメディアによる人権侵害というものを扱った判例が異常に多くなっている、そういうことに注目をしているわけでございます。もちろん、憲法で保障する表現の自由とこれとを調整しなければならないということは十分承知しているつもりでございますけれども、民事における名誉毀損というものが余りにも、社会通念に照らして、その認容額が低きに過ぎるというようなことは放置できないという観点で私は質問をさせていただいたつもりでございます。》(二〇〇

二年七月二三日、衆議院決算行政監視委員会の議事録より）

この時期、公明党の議員が国会で集中的に質問を行ない、最高裁や法務省の幹部はごもっともです、と応じていった。法務大臣にしても裁判所にしても、もともと名誉毀損裁判の賠償金額が安すぎるという認識をもっていた。そこで改善しようということになり、国会で約束が取りつけられていったのである。

週刊誌はこれまでに幾度となく池田大作氏のスキャンダルを報じてきた。編集部を名誉毀損で訴えて勝っても、賠償額が数十万円では週刊誌に対して何の歯止めにもならない。週刊誌の記事がきっかけになって、池田氏が証人喚問されるような事態だけは、何としても避けなければならない。公明党議員による名誉毀損の賠償金高額化推進の背後に、創価学会のこのような意向が働いていたのは間違いない。

高額判決は本当に理不尽なのか

マスコミの報道を見ると、《「知る権利」を脅かす名誉棄損訴訟の高額化》（「週刊朝日」二〇〇九年四月二四日号）などと、裁判所に批判的なものばかりが目立つ。

日本雑誌協会は《一連の「名誉毀損判決」に対する私たちの見解》と題し、次のような声明を発表した（二〇〇九年四月二〇日）。

《雑誌ジャーナリズムのあり方をめぐって、懲罰的ともいえる判断が続出する背景には何があるのでしょうか。これまで出版社、とりわけ週刊誌・月刊誌は、なにものにもとらわれない自由な言論を標榜するジャーナリズムとして、政治家・官僚・財界人などから距離を置き、タブーを恐れず報道してきました。公人や著名人の疑惑や不正、人格を疑うような行為に対しても、敢然と取材をし、真相を読者に伝える、そこにこそ雑誌メディアの存在理由があると信じます。

（略）

もちろん、裁判所から指摘される「取材不足」「真実相当性の弱さ」などについては反省し、自らを厳しく律していかなければならないのはいうまでもありません。それは司法の指摘を待つまでもなく、私たちに課せられた義務であります。

ここに、裁判所による一連のきわめて恣意的で言論抑圧とも受け取れる判決に対して、私たち雑誌ジャーナリズムの現場からの見解を表明し、これからも臆することなく堂々と報じていきたい、との決意を新たにするものであります。》

マスコミの人たちは一様に憤《いきどお》っている。しかし、裁判所の高額判決は理不尽だと本当に言い切れるのだろうか。

民主党の永田寿康《ひきやす》氏（故人）は、かつて西澤孝というとんでもない空想虚言記者に騙されてしまった。永田氏はライブドア・堀江貴文社長のメールだという怪文書を引き合いに出し、国会で激しい論戦を展開した。民主党の前原誠司代表もその怪文書を本物だと信じてしまったわけだが、西澤が提供したメールはデタラメの創作文書だった。前原氏は責任を取り、民主党代表を辞任することになった。

この西澤孝という人物は、過去にとんでもない誤報を繰り返し飛ばしている。このいい加減きわまりない人物は、公明党議員と並ぶ、名誉毀損の高額化を招いた中心人物と言ってもいい。

初の一〇〇〇万円支払いを命じられた空想虚言記者

「週刊ポスト」に、《やっぱり！〝虎の穴〟自主トレ清原が「金髪ストリップ通い」目撃！》（二〇〇〇年二月四日号）《清原「チップ1000$ストリップ通い」を金髪嬢が爆弾発言！》（二〇〇〇年四月一四日号）という記事が載った。

巨人軍に在籍していた清原和博選手は、再起を懸けてアメリカで自主トレをしていた。その清原選手が、二日に一回ストリップ劇場に通っていたというのだ。ストリップ嬢と言葉を交わし、一〇〇〇ドルのチップを渡していた。その会話を再現したうえで、記事の中に清原選手の顔写真まで大きく入れている——。ところがこの記事は、すべて事実無根だった。ストリップ嬢の証言とやらも、すべてありもしない架空の作り話だ。

清原選手が五〇〇〇万円を求めた名誉毀損裁判では、一審で一〇〇〇万円、二審で六〇〇〇万円の支払いが命じられている。この章の冒頭で紹介したように、名誉毀損裁判の賠償金額が一〇〇〇万円の大台に乗ったのは、この裁判が初めてだった。

西澤孝という男や「週刊ポスト」編集部は、「取材源は一切明らかにできない」という逃げを打てば大丈夫だと考えたのかもしれない。しかし、取材源を明らかにするも何も、清原選手は一度もストリップ劇場になど行ってはいないのだ。当然のことながら、この一件により西澤は「週刊ポスト」に出入り禁止となる。

この男によるデタラメ記事は、清原選手の一件にとどまらない。西澤は「週刊現代」（九九年九月二五日号）に、《学生時代のマル恥アルバイト　テレビ朝日新人美人アナは「六本木のランパブ嬢」だった》という記事を書いている。テレビ朝日の龍円愛梨《りゅうえんあいり》アナウンサーが、学生時代にランジェリーパブで働いていたというのだ。この事実無根の記事により、龍円さんは看板番組を降板させられてしまった。

この記事をめぐる名誉毀損裁判では、二〇〇一年九月に七七〇万円の賠償金支払いが命じられている。二〇〇一年九月までの名誉毀損裁判では、「週刊ポスト」の一〇〇〇万円、「週刊現代」の七七〇万円と、西澤孝の記事が高額賠償判決の第一位と第二位を占めているのである。

「女性セブン」や「週刊エコノミスト」でも書いていた

西澤孝という人物は、ほかにも多くのメディアで記事を書いてきた。

「女性セブン」（二〇〇〇年九月一四日号）では《アンディ・フグさん　享年三五　壮絶な生と死「死水を取れなかった日本人妻」との一問一答》という記事が載っている。この記事に関しては、アンディ・フグさんが活躍していたK-1から猛抗議がなされた。

「週刊エコノミスト」（二〇〇一年三月二〇日号）には《犯人を追い詰めた親の行動力　ルーシーさん事件の教訓》、「サンデー毎日」（二〇〇一年六月三日号）にも《告発特集　獣医にペットが殺される》という記事が載っている。「週刊エコノミスト」のような経済専門誌まで、こんないい加減な人物を登用していた。

「西澤氏をよく知る週刊誌記者・A氏」は、次のように評している。

《彼は、人当たりもいいし、物腰も柔らかい。話し方はキチンとしてるし、政治を語る時なんかは真剣に熱く語るんです。しかもタチが悪いことにディティールがしっかりしている。議員［＝民主党の永田寿康氏］はそんな姿勢にコロッといったのかもしれませんね》（「週刊プレイボ

ーイ」二〇〇六年四月一八日号）

ディテールやリアリティらしきものが混ぜ合わされた結果、この人物の言うことに説得力があるように思えてしまった。彼も「空想虚言男」の典型だ。もちろん悪いのは西澤だ。しかし、空想虚言癖の男にことごとく騙されていった、多くの週刊誌の学習能力の欠如にも大いに問題がある。

メディア自らが招いた状況

一連の判決に対して日本雑誌協会は、《裁判所による一連のきわめて恣意的で言論抑圧とも受け取れる判決》と憤り（二〇〇九年四月二〇日）、田島泰彦氏（上智大学教授）のようなメディア学研究者は《最近は、強いものが力とカネにまかせて、ジャーナリスト個人をつぶしにきています》とか《〇三年の個人情報保護法成立以来、メディア規制の流れは加速しています。見えない〝言論統制〟と言えるかもしれません》（「週刊朝日」二〇〇九年六月一二日号）などと憂いてみせる。

カネの力で言論封殺をしていると言うが、本当にそうなのだろうか。例えば清原選手の記事には何一つ事実がない。清原選手本人にもまったく取材していない。

日本でもアメリカでも、ストリップ劇場に行くのは合法である。自主トレの最中、夜の自由時間や休暇中にストリップを観に行っても別にかまわないだろう。私自身はそれを報じることに意味があるとは思わないが、本当にストリップ劇場で女性に一〇〇〇ドルのチップを渡していたのであれば、報じるのを止めさせることはできない。あとは、その下品さを読者が判断するだけの話だ。

しかし、記事に書かれていることはまったく事実ではなかった。記事を書いた記者も、週刊誌の編集者も、最後はそのことを認めて清原選手に謝罪しているのである。

記者に見張られ、写真を撮られたりスキャンダルを暴露されてしまう。女子アナウンサーやプロ野球選手のような有名人に、いわゆる〝有名税〟があるのは仕方がないとは思う。文豪にだってスキャンダルはあるし、修道院にだってスキャンダルはある。スキャンダルを暴露したい、読みたいという気持ちは、人間の一種の健全な遊び心だ。それを全否定するのは偽善である。許されないのは、まったくありもしないスキャンダルをでっち上げることだ。

「マルコポーロ」（九四年八月号）を読んでいたところ、週刊誌の見出しに「今月の免許皆伝」「今月の破門」とランキングをつける企画があった。「今月の破門」を見ると、《小宮悦子「フェラチオ目線」は無意識の癖》（「アサヒ芸能」九四年六月三〇日号）にダメ出しされている。こんなものは、見出しだけで完全に名誉毀損だろう。完全に一線を越えている。

公明党の働きかけは確かにあった。しかし、こんなひどい記事が雑誌に大きく載ってきた結果が、名誉毀損裁判の賠償金高額化を招いたことは否定できない。週刊誌自らが一線を越え、書き得の捏造報道を続けてきたことによって、名誉毀損の賠償金は高額化したのだ。この状況は、メディア自らが招いたものとしか言いようがない。

「言論弾圧」と言い続ける発想は不健全

ジャーナリストの山岡俊介氏は、消費者金融の武富士から一億円を求める高額訴訟を起こされた（二〇〇三年七月）。

雑誌記事で武富士を追及していた山岡氏は、武富士会長の指示によって自宅を電話盗聴されてしまう。

武富士はヤクザまがいの借金取り立てをやっていただけでなく、盗聴器を仕掛けるという組織犯罪にまで手を染めていた。山岡氏はそれを雑誌で発表したため、名誉毀損で訴えられたのだ。自社に批判的な記事を書かせないため、武富士は新聞記者やジャーナリストを料亭でガンガン接待している。彼はその接待リストも暴露した。

二〇〇三年一二月、武富士の会長は盗聴事件によって逮捕された。山岡氏が正しかったことはちゃんと証明されているではないか。武富士は山岡氏に対する損害賠償の請求を放棄し、逆に和解金を支払っている。山岡氏が負けるほど、日本は腐っていない。正義はちゃんと実現している。

山岡氏をねらった一億円の高額訴訟と、清原選手の記事に関する一〇〇〇万円の支払い命令を、なぜみんな一緒くたにしてしまうのだろうか。「名誉毀損賠償金の高額化は言論弾圧だ」。そんな言い方で、何でも十把《じっぱ》一絡《ひとから》げにするのは、いいかげんやめるべきだ。ミソとクソを一緒にして「裁判所による言論弾圧だ」と騒いでいる人々の〝正義感〟は、およそいかがわしいばかりだ。

八割が本当で、二割は大ウソが混じっている。四割は本当だが、六割がウソである。そんな記事を公然と書かれた人が、黙っていられないのは当然だろう。根も葉もない情報を、でかでかと写真入りで仕立てる。そんな記事に、それなりの賠償金が科せられるのは当たり前だ。二度と同種の記事を書けないよう、しかるべき賠償金を科する。その考え方は、全然間違ってはいない。

常に「日本の言論はこのままでは危ない！」と言い続けて元気でいられる人は、健全な発想ができないだけなのではないか——。

第九章

リスクとチャレンジと謝罪

いわゆる「西山事件」こと外務省機密漏洩事件

外務省機密漏洩《ろうえい》事件（いわゆる「西山事件」）については、よく勉強している三〇代以上の新聞記者や外交官ならば、これまで何度か耳にしたことがあるはず——というレベルの話題ではあるものの、報道のあり方にとって少なからぬ問題点を抱えている。

一九七一年、アメリカのニクソン政権と日本の佐藤栄作政権の間で、沖縄返還協定が調印された。この調印に際し、アメリカが地権者に支払うことになっていた四〇〇万ドルを日本が肩代わりする密約がなされている。この密約が記された外務省の機密電文を記者として最初に入手したのが、毎日新聞の西山太吉《たきち》記者だ。

西山記者は、当時外務審議官のもとへ毎日足しげく通い詰めていた。秘書とも当然顔見知りになる。西山記者は、外務審議官付きの四一歳の女性・蓮見喜久子さんに目をつけた。西山記者も蓮見さんも既婚者である。

西山記者は彼女が一人になったところを見計らい、食事を一緒にしようと誘い出す。酒の入った席で彼女をもち上げ続け、とうとう男女の仲になる。そして、ニュースのネタになりそうな内部文書をもち出してほしいと手を合わせて頼んだ。以後蓮見さんは、何回かにわたり、外務審議官が目を通す前の中国関係や沖縄関係の機密資料を西山記者に渡してしまう。そのうちの一つが、沖縄返還をめぐる機密電文だったのだ。

西山記者はこの機密電文の情報をもとに新聞でコラムを書く。記事としてはほとんど話題にならなかった。そして、西山記者から情報提供を受けた社会党議員が、衆議院の予算委員会で電文の存在を暴露し、機密漏洩が発覚することになる。

ごく限られた人しか目にすることができない機密文書の中身が暴露されたのだから、誰が情報源かは、すぐに特定されてしまう。蓮見さんが資料を横流ししていたことが明るみに出て、彼女は外務省を離職せざるをえなくなった。さらに国家公務員法違反で逮捕され、プライベートにおいても夫から離婚を切り出されてしまう。

蓮見さんと、同じく国家公務員法違反で逮捕された西山記者の初公判は、七二年四月一五日に開かれた。このとき、検察官が起訴状朗読で読み上げた「ひそかに情を通じ」というフレーズで、事件に対する世間（とりわけ毎日新聞に好感を抱いていた人々）の印象が一八〇度変わったと言われる。それまでは取材活動の正当性を主張していた毎日新聞も、第一回公判当日の夕刊に「本社見解とおわび」を掲載するに至った。

第一審で、蓮見さんには懲役六カ月、執行猶予一年の有罪判決が下される。蓮見さんは控訴せず、有罪が確定した。一方、西山記者は無罪だった。

しかし第二審では、西山記者に懲役四カ月、執行猶予一年を命じる逆転有罪判決が下った。

七八年五月には上告が棄却され、西山記者の有罪が確定する。

以上が西山事件の概要だ。

事件発覚から二年後、蓮見さんは「週刊新潮」（七四年二月七日号）に、事の顚末《てんまつ》を手記の形で発表した。「外務省機密文書漏洩事件　判決と離婚を期して　私の告白　蓮見喜久子」という生々しい手記を振り返ってみよう（『「週刊新潮」が報じたスキャンダル戦後史』新潮文庫に所収）。

西山太吉記者の〝悪魔のささやき〟

七一年五月一八日、私鉄がストライキのせいで止まってしまった。交通手段がなくなって困っている蓮見さんに、西山記者が車で送ってあげようと提案する。

《車が外務省を左に折れてお濠《ほり》の方向に向うと、西山記者がポツンといった。

「これから新宿へ行こう。食事でもしようじゃないか」

私は一瞬あわてて答えた。

「今日は、申しわけないけど結構です」

（略）

それでも強引な西山記者は、

「今日はいいチャンスだから、ご馳走しよう」

と動じない。》

西山記者はやや強引に、彼女を新宿の料理屋へと連れていった。

《やがて、何杯かウイスキーの水割りを重ねた西山記者はいくらか酔い始める。そして、突然、私にささやきだした。いま考えると、あれはまさしく〝悪魔のささやき〟であった。おまけに、少々お酒のまわった私の頭に、彼の甘く、かつ、けばけばしい言葉がまるで矢のように飛び込んで来た。

「ぼくは、君が最初から好きだった。ぼくが毎日のように外務審議官室に行くのも、実は君の顔が見たかったからだ。ほんとに、ぼくは君の顔を見るとたまらなくなる……」

あとは「君が好きだ」を何度も何度も繰り返した。

「ぼくはほんとに君が好きだなあ。蓮見さんは個性的だよ」》

褒《ほ》められ続けるうち、蓮見さんはだんだんといい気分になってしまう。

《しかし、私は夫のいる身である。夫は私の行動にはいたってきびしいし、こわい。いちいち口ではいわないまでも、私の帰宅時間や酔っていたかどうかなどをこまかくメモしている。》

妻の帰宅時間をいちいちメモる夫との夫婦生活には、下世話な好奇心を掻《か》き立てられる。だがそれは事件の本筋とは関係ないところだ。話を先に進めよう。

「生理だってかまわないよ」と説き伏せる

西山記者は蓮見さんを二次会へ連れ出し、さらに口説《くど》き続けた。


《「今度こそは帰らなければ」と私は懸命に考えた。

「今日はどうも……」といって、西山記者と別れようとすると、そんなアイサツなど耳にも入らなかったかのように、彼は、

「ちょっとどこかで休んでいこう」

という。

「そんなこと結構です。私、帰ります」

と断わっても、ぜんぜん相手にしてくれない。いきなり私の肩に手をまわして、

「いいじゃないか。ちょっとでいいから休んでいこうよ。これだけ酒を飲んだから、もうたまらないんだ」

強引も強引、ほとんど力ずくで『スカーレット』〔＝二次会の店〕からさほど遠くない旅館に私を引っ張っていった。》

密室でなされた会話の描写については、西山記者から異論があるかもしれない。そもそも当事者の手記は、当事者の都合と記憶で書かれるから面白い。当然、一〇〇％の真実が保証されるものではない。

もちろん編集者は、その内容が正しいかどうか、できるかぎりのウラ取り取材をする。七一年五月一八日に私鉄ストライキが本当にあったのか。二人が新宿の料理屋や「スカーレット」という飲み屋に行ったのか。「週刊新潮」編集部も、そのあたりまではウラ取りしただろう。ただし、密室で本当にこのような会話がなされたかどうかというところまでは、ウラの取りようがない。録音でもしていないかぎり、密室における会話の中身まで確認することなどできない。その意味で、一〇〇％のウラ取りなどというものは、そもそも不可能なのである。

旅館に蓮見さんを連れこむことに成功した西山記者は、最後まで強引だった。ここで詳細な経過を引用するのは正直はばかられるわけだが、二人が初めて男女の関係になったときの描写をご覧いただきたい。

《突如、その日、私自身が生理であったことを思い出した。

(略)部屋の中で、もうとっくにその気になっている彼に無我夢中で私はいった。

「私、今日、生理なんです。どうかそれだけはお許し下さい」

自分でも不思議なくらいバカ丁寧な言葉を使った。ところが、西山記者はどっかりと落ち着いていた。

「生理だってかまわないよ」

すべては終った。》

「書類をこっそり見せてくれないか」

二回目の逢瀬《おうせ》で、二人は再びホテルへ行ってしまう。

《部屋に入ると、彼は待ちきれなかったように、

「君と会えてうれしい」

と、私の耳元でささやいた。そして、この前と同じように、大げさな愛の表現を使って私を酔わせた。意志の弱かった私は、ふたたび彼に身を許してしまった。

（略）

帰り支度にかかった。その時である。西山記者が、いくらかきびしい目つきをして、私に「頼みたいことがある」と語りかけた。

「実はぼくは、近く記者としての生命を断たれるかも知れない。ぼくは記者としての生命を断たれるんだ。もうダメになってしまうんだ。外務省の書類を見ないと記事が書けないんだ。安川（審議官）のところへ来る書類をこっそり見せてくれないか」

いい終った時、西山記者は手を合わせて拝む格好をしていた。

（略）

いったいどんな書類がお気に召すのか。西山記者は「何でもいい、それはぼくが見分けるから」といっていた。「沖縄関係と中国関係がいいなあ」ともつぶやいた。ああ、私は間抜けだ……。》

それからも蓮見さんは、外務省の内部文書を西山記者の元へ運んでしまう。彼は本気で蓮見さんを口説こうとしたのか。それとも、外務省の内部文書を手に入れたいがために口先だけの言葉を語っているのか。

連れこみ旅館のような安宿ではなく、一流ホテルにも行ってみたい。そう誘ってみたところ、西山記者からは見事にはぐらかされてしまった。そのことで、蓮見さんは彼の愛情が本心ではないことに気づいたという。そんなくだりも手記に書かれていておかしい。

《私は彼に何かを確かめようとしばしば懸命になった。それは、私への愛情があるかどうかなどという甘いものではない。私が彼にやらされている〝犯罪〟の重大性をいったいどう認識しているのか。私を一人の人間としてどう考えているのか。どうせ外務省の書類を見るために私を抱き、できれば私なんか抱かないで書類が見れないものかと考えているのに違いない。

それでも私は一度、しかも私からははじめて「新宿の『京王プラザホテル』に行ってみませんか」と誘ってみた。いつだったか、まだできかけの新宿の高層ビルを指して、「あれが『京王プラザホテル』だよ」と彼に教えられた記憶があったからだ。

やはり彼の返事は冷たかった。

「ああ、そんな話はまたあとで……」》

不買運動で毎日新聞の部数は五〇万部減

西山記者は一流ホテルに連れていってくれないほどケチだっただけではなく、リスクを冒して資料をもち出している蓮見さんに尊大な態度を取ったそうだ。手記によれば、西山記者は「持って来たか?」「頼む」と命令口調だったらしい。要求はしだいにエスカレートしていき、ついに彼女は外務審議官が目を通す前の書類をもち出してしまう。

七二年三月、とうとう機密文書漏洩が発覚する。文書が安川審議官のもとから漏れたことも、特定されてしまう。蓮見さんは外務省に退職届を出し、職場を辞することとなった。警視庁に出頭すると言う彼女に、西山記者はこう言ったそうだ。

「社をやめても君を助ける」

だが、この言葉はまったく実行されなかった。彼女を守るどころか、警察の取り調べに対してウソの証言をするよう仕向けたのだ。事件後も直接謝罪することはなく、取材源である彼女を守ってもくれなかった。そのうえ、蓮見夫妻を離婚へと追いやってしまったのだ。

《公判中、毎日新聞側の弁護士が「病身で無職の」夫には耐えられない弁論を行なった。夫がいかにも私のヒモであるかのような表現を繰り返した。夫は激怒した。そして、男のメンツにかけても離婚の決意をせざるを得なくなった。周囲の人、親戚の人が、夫の不甲斐《ふがい》なさを嘆く可能性が十分にあるからだ。

（略）

西山記者と毎日新聞は私の最後のトリデである家庭までも破壊してしまった。》

外務審議官のところに、毎日タコの吸盤のように張りつく。スクープを取るために、秘書の女性を口説いてホテルに連れていってしまう。リスクを冒して内部文書をもち出させ、どうすれば情報源を守れるかという配慮もろくにしなかった。蓮見さんが持ち出したということがバレて逮捕されれば、ぷっつりと連絡を閉ざしてあとは知らんぷりしてしまう。そのうえ、法廷の場で人格攻撃に走り、家庭までメチャクチャにしてしまった。

取材の仕方がフェアかどうかという問題以前に、問われるべきは人間性の問題であったろう。西山記者も毎日新聞社も、当初は蓮見さんを自社で雇用して守ろうと考えていた。だが、不買運動が激化したためにそうもいかなくなってしまった。朝日新聞や読売新聞など競合紙の拡張員が、毎日新聞の購読者へ一気に攻勢をかけたのだ。

「毎日新聞は、〝情を通じて〟ネタを取ってくるようなひどい新聞ですよ」

そうやって、朝日や読売の読者へとひっくり返していった。こうして毎日新聞は、約五〇万部も一気に部数を落としてしまった。この不買運動は、今日の毎日新聞の凋落《ちょうらく》に直接影響している。

かつて信濃毎日新聞の主筆だった桐生悠々《きりゆうゆうゆう》は、戦前に軍部や治安維持法を批判する論陣を張った。すると当局は信濃毎日新聞の不買運動を推し進め、桐生悠々は会社を辞める羽目に陥っている。不買運動という兵糧《ひょうろう》攻めをかけられると、新聞社は「知る権利」や「言論の自由」など簡単に取り下げてしまうのである。

「そのこと」を誰も質問しない、西山記者の講演会

松本清張が書いた『黒革の手帖』のように、女性が自分の美貌を武器に男を陥れるケースはこれまで多々あった。油断した隙《すき》にこっそりカバンの中をあらためてしまったり、男から重要な情報を聞き出す。〝ハニートラップ〟と呼ばれる例は、古今東西いくらでもある。だが、男性の新聞記者が自分の肉体（？）を武器に〝逆ハニートラップ〟を仕掛けた例は聞いたことがない。その意味で西山事件は、特筆すべき出来事と言える。

西山記者は二〇〇七年、『沖縄密約』（岩波新書）という本を出版した。だが、蓮見さんのことについてはまったく触れていない。どうやって外務省の内部資料を入手したかということに関して、反省はおろか、そういう事実があったことにすら触れていないのだ。

西山事件については、『密約　外務省機密漏洩事件』（澤地久枝著、岩波現代文庫）、『運命の人』（山崎豊子著、文藝春秋、全四巻）など、近年も本が出版されては話題にのぼる。

澤地さんは、国家権力による犯罪が「情を通じて」という言葉によってスキャンダルにすり替えられてしまった、と西山裁判を批判している。だが、外務審議官が目を通す前の極秘文書を新聞記者に渡してしまえば、どこの国でも完全にアウトだ。

澤地さんをはじめとする西山記者の応援団は、彼を呼んで講演会を開いたりもしている。沖縄密約についての話題はしきりにのぼるが、蓮見さんとの関係については質問することも許されないような雰囲気だ。参加者たちはみんな「そのこと」に関心があるのに、ひとことも話題にはのぼらない。その後には適用されていない「西山事件」的な言論弾圧がどうのこうのという問題よりも、そういう奇妙な雰囲気のほうが私にはずっと怖い。

なお、国民が知るべき重大機密を明るみに出したという点では、沖縄密約のスクープよりも、アメリカの核兵器事故を暴いた『トップ・ガンの死』（ドウス昌代著、講談社／のちに『水爆搭載機水没事件』講談社文庫として再刊）のほうが取材方法もフェアであり、中身もよほど凄《すご》みがある。

単なる特ダネほしさで二人の人生を破滅させた

蓮見さんの手記を読む限り、西山さんは典型的な特ダネ記者であり、女好きでもあったようだ。ただし、一〇〇%外務省の情報ほしさに「情を通じた」わけでもないと思う。男性の新聞記者が自分の美貌（?）を武器として、外務省職員から情報を取りに行く。そんな話は、同業者としてはとても想像しにくい。

おそらく西山記者としても、そのあたりははっきり意識されていなかったのではないか。もちろん、外務省の情報はほしい。と同時に、女性としての蓮見さんに目をつけていた。口説き落とすことができた暁には、あわよくばネタ元として動いてほしい。記者としての願望と男性としての私情が、混じり合っていたのではないだろうか。一方で、蓮見さんは本気で彼のことを好きになってしまったのだと思う。

西山記者にしてみれば、今となってはそんなことはどうでもいい話かもしれない。

「そんなくだらないことを訊くな。そんなことは、本質の問題とは何の関わりもない」

そう本気で思っているのだろう。だが、私はこの点こそが西山事件の本質だと思う。

既婚者をホテルに連れこんで不倫関係に陥り、そのコネクションを使って外務省の内部資料を引っ張り出す。それにより、蓮見さんという一人の女性と重い病気を抱えた夫の人生を破滅に追いこむ。いくら国民が知るべき情報を暴くためだといってもモラルとして間違っている。

しかも、西山記者はとにかく特ダネがほしかっただけで、日米外交の歴史や国家機密のあり方を左右するような意図をもって電文を暴いたわけでも何でもない。彼の取材手法は、警察署のロッカーに隠れて盗み聞きする行為と本質的に変わらない。私は同業者として、彼の行動をまったく評価しない。

本筋から話がそれるが、蓮見さんの手記の中でおもしろいエピソードが書かれていたので、もう一カ所だけ紹介したい。

《事件が起ってから、この初代［安川］審議官と私との間にロマンスがあったなどと世間で騒がれたらしいけれども、それは違う。そういうウワサは、外務省内にもすでに流れていた。しかし、私は初代審議官に尊敬と好意の念を抱いていたに過ぎないし、彼もまた私を娘のようにお世話下さっただけである。（略）次官をおやめになってふたたびヨーロッパの大使に赴任されてからも、一週間に二通ぐらいお手紙が来た。（略）赴任後最初に送られて来たお手紙の一節に、

「貴女《あなた》が私にして下さったすべての仕事は、まるで宝石のようだった」

と書かれてあったのをいまも忘れない。》

外務省の安川審議官と自分とは、男女の関係にはなかった。そう強調している部分なのだが、どう見ても安川さんの手紙はほとんど恋文に等しい。男女の関係にあった西山記者は、ケチで京王プラザホテルには連れていってくれなかった。秘書として仕えていた安川さんは、熱烈な

エアメールを送ってきてくれた。

いろいろな意味で、読み応えがある手記である。

一七人の有罪判決をひっくり返した一枚のメモ

さて、「松川事件」については、ベテラン記者でもどれほどの人たちが記憶しているだろうか。事の真相をスクープした記者の後輩にあたる毎日新聞記者たちに訊いてみたところ、ここ三〇年ほど社内で松川事件について論じられたことは誰も記憶にないそうだ。

一九四九年八月一七日、福島県で列車の脱線転覆事故が起きた。この事故によって三人が死亡し、多数の負傷者が出た。これが、いわゆる「松川事件」である。現場検証によると、線路のボルトや釘《くぎ》がはずされ、犯行に使ったと思われるバールやスパナも発見された。犯行は、大量人員整理に反対していた東芝松川工場労組、国鉄労働組合、および日本共産党の謀議によるものとされ、労組関係者二〇人が逮捕された。一審では全員に有罪判決が下っている。そのうち五人は死刑、五人は無期懲役という重い判決だ（二審では二〇人中三人が無罪になった）。

志賀直哉や川端康成、松本清張や壺井栄らは、被告はすべて無罪だという論陣を張った。松本清張は「文藝春秋」に『日本の黒い霧』（文春文庫、上下巻）を連載し、ＧＨＱのキャノン機関が列車のレールを外したと推論した。

実は検察は、被告人たちの無罪を証明するに足る「諏訪メモ」という証拠を隠していた。列車の転覆事故があった時間帯に、東芝松川工場の団交があったのである。東芝総務課の諏訪課長が、その団交の場に被告がいた事実を記録したメモだ。被告のアリバイを証明する決定的なものだった。

この諏訪メモの存在を、毎日新聞の若き倉嶋康記者がスクープした。スクープを受け、五九年八月一〇日に最高裁は二審の有罪判決を破棄する。高裁の差し戻し審理により、のちに二〇人全員の無罪が確定した。

倉嶋記者はどうやって諏訪メモを入手したのか。松川事件の関連本からたどってみたい。

《毎日新聞福島支局倉嶋記者の調査によると、「諏訪メモを」「保管」していたのは「法務省が国会で答弁したように」副検事や検察事務官ではなく、一審担当の検事鈴木久学であった。》

（上田誠吉・後藤昌次郎『誤まった裁判』岩波新書）

《［五七年］六・二九　『毎日新聞』、「諏訪メモ」は福島地検郡山支部長鈴木久学検事の手許にあると報道。》（廣津和郎『松川事件と裁判』岩波書店）

《事件は最高裁へ持ち込まれた。弁護側は口頭弁論を開くよう求めていたが、この間、佐藤一[=被告]のアリバイとなり得る「諏訪メモ」の存在をつきとめた。佐藤一は死刑判決を言い渡され、国鉄謀議があったとされる二四年八月一五日、謀議が行われた国労事務所から八キロも離れた東芝松川工場にいたことが諏訪メモに記されているというのである。》(田中二郎ほか編『戦後政治裁判史録二』第一法規出版)

《六月二九日付けの「毎日新聞」福島版は、「諏訪メモ」が福島地検にあることをスクープしました。》(福島県松川運動記念会編『松川事件五〇年』あゆみ出版)

実はこれらの文献には書かれていない、重要な事実が存在する。

「情を通じて」特ダネを取ったもう一人の記者

二〇年ほど前、私は倉嶋夫婦と話をしたことがある。福島県出身の女性と結婚した長野県人が集まった酒席でのことだ。宴席には七組の夫婦が参加していた。私の職業がジャーナリストだということを倉嶋さんは知っている。私のほうも、倉嶋さんが元毎日新聞記者だということを知っていた。

自慢話でも深刻な告白話でもなく、なぜ福島県出身の奥さんと結婚することになったかという話題がごく自然に出た。「松川事件って知ってる?」というところから、倉嶋さんは奥さんとの馴れ初めについて聞かせてくれた。奥さんは福島地検の職員だった。倉嶋さんは、検察に勤める恋人からこっそり資料をもらってあの大スクープ記事を書いたのだ。

この話は、松川事件に関するどの本を見ても記載されていない。

次に紹介する本(二〇〇六年刊)では、「M検事正」という協力者がいたことが初めて明かされている。諏訪メモの存在について取材をかけたところ、M検事正がメモの内容を教えてくれたという。

《松川事件が終わって、検事たちは人事異動でバラバラになるが、当時のM検事正を中心に福島会ができ、二年に一度、酒を酌み交している。十数人の検事の中にジャーナリストが一人だけ呼ばれている。倉嶋だ。闊達な会らしく、検事たちは「諏訪メモ」では対立関係にあった倉嶋を「倉嶋検事」と呼んだりしている。倉嶋は今でもM検事正について「大きな検事正でした。〝諏訪メモ〟は検事正がいたから世に出たと言えます。正義感の強い人でした」と語っている。》(山本祐司『毎日新聞社会部』河出書房新社)

実際には協力者はM検事正だけではなかった。決定的情報をリークしたのは、同じ検察庁の中で働いていた倉嶋記者の恋人だったのである。

《松川事件の最高裁判決は一九五九年八月だったが、倉嶋はその翌年、毎日新聞東京本社に転勤した。初めは地方部取材課だったが、その後社会部に移っている。福島での最後の年に倉嶋は全司法の専従書記の女性と結婚した。》（同）

ここでは倉嶋記者の結婚について、実にさらりと書かれている。恋人を通じてスクープを取ったと書いてしまっては差し障りがあるから、このような書き方になっているのではないだろうか。

二人は諏訪メモの価値を充分に認識していた。裁判所の判決をひっくり返して二〇人の冤罪を証明しうる実に貴重なメモなのである。たとえ〝情を通じて〟もスクープするだけの価値が充分あった。情報源の秘匿も守られた。独身だった二人は後に結婚し、その後の長い人生を共に歩んでいったのだから、非の打ちどころがない、見事な〝情〟だ。

そしてM検事正は、おそらく二人のその様子を見て見ぬふりをして、実質的に力を貸したのではないか——。

松川事件のスクープこそ語り継ぐべきだ

前にも述べたように、一九四〇年代から八〇年代初頭まで、新聞記者の間では〝ブン屋魂〟が称揚されてきた。とにかくどんな手段を使ってでも、ネタを取ってくる。ネタを取ってきさえすれば、新聞記者のお手柄とされる時代があった。法律や倫理に触れるような不正入手であっても、別に構わないという鷹揚《おうよう》な時代があったのである。

倉嶋記者と西山記者。これまで二人が並べて論じられたことはない。倉嶋さんの話を聞いてから、私は二つのケースがずっと気になってきた。

倉嶋夫妻は、この話を大勢の前で隠しもしなかった。しかし二〇〇九年現在、松川事件のスクープは忘れられつつある。一方、西山記者は蓮見さんのことについては完全に口を閉ざし、今でもスター扱いされている。関連本も多く出されている。両者の違いは一体何なのだろう。

西山記者と倉嶋記者は、おそらく共に情を通じたおかげで秘密情報を入手することができた。どちらも毎日新聞記者なので、一見似たような話にも思える。しかし両者の社会的意義はまったく異なると、私は考える。

倉嶋記者は、二審でも死刑判決を受けた四人、実刑判決を受けた一三人をなんとしても救わなければならないという使命感に燃えていた。そして最終的に戦後史に残る冤罪《えんざい》事件をひっくり返し、恋人とは結婚して〝情を通じた責任〟も取っている。

これに対して西山記者は、先に述べたように、とにもかくにも特ダネがほしかっただけだった。しかも西山記者は蓮見さんを切り捨て、何の責任も取らなかった。

両者を対比してみるに、西山事件ではなく、松川事件のスクープこそ後世に語り継ぐべき見事な歴史だ、と私は思う。

真犯人を名乗る空想虚言男、松川事件にも登場

ちなみに一九七〇年、松川事件の真犯人という人物が名乗り出て騒ぎになったことがある。

「アサヒ芸能」(同七〇年八月二〇日号)に、「衝撃の完全スクープ　私があの松川事件の真犯人だ!」という記事が載った。中島辰次郎という人物の告白は実に〝雄弁〟だった。

旧陸軍の特務機関員出身を自称する中島氏は、一九四九年八月一四日に帰国したそうである。佐世保港に降り立つと、米軍ＣＩＣ(対敵諜報部隊)の将校に連行されたと言う。「カザマ」「ツチダ」「ミツダ」など何人もの人間と一緒に福島県まで連れて行かれ、中島氏は大勢で松川事件を遂行したと告白する。

《「線路の」犬釘をどのようにして抜いたかといいますと、はじめ犬釘にカジヤとかバールをひっかけましてね、その下に石を、ちょうどテコのように置いて、バールの先端に足をのせて

グイグイ下へ押すんです。すると、すぐゆるくなったですね。浮きあがれば、カジヤとかバールで簡単に抜けましたし、ハンマーで叩けばなおのこと容易に取れましたね。（略）二十分ほどで、犬釘を約六十本ばかり抜いたでしょうか。（略）はずした継ぎ目板のほうに全員集まり、それぞれ手にしている道具で線路を外側（田ンボ側）へこじり出したのです。約十センチほどこじったですかね。》

現場の見取り図まで載った詳細な手記は、八ページも掲載されている。手記の聞き書きをした畠山清行氏のコメントが笑える。

《自分が、いまやっていることは大変重大なことなんだ、という意識がなかったこともあるでしょうね。彼の告白のなかに、いわゆる事実（松川裁判で確認されている）と合致しない点やアイマイな部分、とくに時間の点などに多いのも、意識していなかった、ということを考えれば当然ですよ。逆に、すべて正確に記憶しているとしたら、このほうがおかしい。二十一年という歳月があるんですから》

「アサヒ芸能」は、七〇年八月二七日号、九月三日号でも連続して記事を載せている。中島氏は六人の日本人と共に線路破壊工作に携わったというのだが、残念ながらその人たちが実在するかどうかについてさえ、何ひとつ確かなウラ取りはできていない。

告白の内容が正確でないことが、かえって信じこむ根拠になっていくという構図は、「週刊新潮」が騙された自称・赤報隊事件の犯人（第五章参照）、江川紹子さんが騙されかけた坂本弁護士事件の自称・拉致目撃者（第六章参照）とそっくりで、なかなか興味深い。この記事については衆議院法務委員会（七〇年八月一二日）でも取り上げられたが、ほどなくこの話題は立ち消えとなった。

謝罪に絶対必要な三つの要素

誤報を一〇〇%なくすことはできない、と先に述べた。もちろんレベルによるのだが、一定程度の誤報があることは、その国のジャーナリズムの健全さを表わしていると思う。しかし、だからと言って開き直っていいわけではない。誤報をしてしまったら、その後でしなければならないことがある。謝罪だ。

私自身は、謝罪について次のように考えている。

《謝罪（反省）には三つの要素が絶対的に必要だ。1・謝意を誠実に表明すること。2・失敗に至る経過を詳しくそのつど説明すること、3・償いをすること、である。

1だけだと思っている組織は、誠意がないと思われ、トラブルは拡大してゆく。

自分を頼る誰かまたは組織が失敗をしてしまったとき、その回復手段として、右記の三つを早急に助言してあげてほしい。

その三つがあまりにも実現困難すぎる（膨大なコストとエネルギーがかかる）ような場合、そのような失敗をおかさないことが如何《いか》に究極の保身であるかを、あらかじめ心得ておくことが肝心なのである。》（日垣隆『刺さる言葉』角川oneテーマ21）

アメリカでもヨーロッパでもアフリカでも、注意深く見聞すれば、謝罪はこの三つの要素で構成されている。アフリカやタイの少数民族の間でも、間違って人を殺してしまう事故はどうしても発生してしまう。獲物だと思って石を投げたら、実は人間だった。そういう場合には、まず一と二を果たす。そのうえで、牛二頭なり鶏七羽といった償いをする。これは、恨みを代々までもち越さないための智恵だ。

裁判制度のない時代であろうが現代であろうが、この三つをすべてクリアしなければ謝罪にはならない。トラブルがこじれて民事裁判に持ちこまれるケースは、この三つのうちの一つか二つを必ず落としてしまっている。逆に一から三をすべてクリアしておけば、問題はこじれない。

例えば、学校で銃の乱射事件が起きたとしよう。学校が生徒をそそのかし、銃を渡して事件を起こさせたわけではない。しかし、学校側は事件の経過について説明しなければならない立場に立たされる。まず、事件が起きてしまったことを誠実に詫びる。次に、今わかっている限りにおいて情報を全部オープンにしていく。そのうえで、償いをするべきところは償っていく。ただ頭を下げるだけで償いをしない。情報をすべてオープンにせず、都合の悪い話はどんどん隠していく。そうすれば、必ず問題はこじれる。日本で乱射事件はまず起きないが、学校で起きた犯罪に対し、親が学校を訴えるのはほとんどがこのパターンだ。水俣病のような公害問題でも同じだ。

私は以前、長野県立飯田高校で起きた生徒刺殺事件について、検証委員会の副委員長を務めたことがある。加害者側と被害者側で、どこに認識の食い違いがあるのか。関係者全員の聞き取り調査を進めて徹底的に、つまり警察より詳しく分析していった。被害者側は怒り心頭に発し、絶対に学校を許さないという構えだった。この場合も、学校側が先ほどの三つの条件のうちの一つしかクリアしていなかった。

失敗は誰にでも起こる。完全に防ぐことはできない。しかしトラブルになることはかなりの確率で予防できる。どうすれば深みにはまらずに済むか。謝罪のための三つの条件を知っておくべきだと思う。

「ジャーナリズム」の反対語は「マンネリズム」

「ジャーナリズム」の反対語は、「マンネリズム」だ。いかにマンネリと戦いながら、新鮮なニュースを報じていくか。それがジャーナリズムの務めと言っていい。今までにないニュースを報じようと思えば、取材者はなるべく危ない際《きわ》へと近づかざるをえない。徹夜で編集作業をするときに覚醒剤を打ったり、情報提供者に五〇〇万円も支払うようなことは当然論外としても、編集者も記者も法に触れない範囲でなるべく無理をしようとする。

七〇年代終わりまで、新聞記者は違法スレスレのムチャな取材をかなり普通にやっていた。警察署のロッカーに隠れて会議や打ち合わせを盗み聞きしたり、机の上から調書やメモをくすねたり、という武勇伝はたくさんあった。そういう「取材方法」が問題にされることが、そもそもなかったのである。それから、時代は変わっていく。

八一年二月、朝日新聞の安藤博記者が取材先に盗聴器を仕掛けてしまった（第三章参照）。この事件以来、たとえ違法性がなくても、機材を使った隠し録音のような取材方法はＮＧとされるようになった。メモをくすねるような違法行為も当然許されなくなった。

ただ二〇〇二年、私は新聞記者が、容疑者の家に届いた郵便物を勝手に開封していたのを目撃している。昔の新聞記者が陰に隠れてそういうことをやっていたとは聞いていたが、いまだにそんな記者がいるとは驚きだった。これは、刑法第一三三条の信書開封罪、第二六三条の信書隠匿罪に該当する、明らかな違法行為だ。

違法行為はまずいが、リスクを冒すことなしにチャレンジはありえない。チャレンジしなければ、編集者や記者がマンネリを打破することなどできないからだ。

日本の裁判所では、開廷直前の代表撮影以外に法廷内の写真撮影は許されていない。これに異議を唱え、「フォーカス」が田中角栄の写真を隠し撮りしたことがある（八二年、八三年）。その後も、「フライデー」や「週刊ポスト」がオウム真理教の麻原彰晃教祖を撮影したり（九六年）、「フォーカス」が和歌山カレー事件の林眞須美被告の写真を撮ったこともあった（九九年）。

北朝鮮やキューバのような一部の国を除き、国際的には法廷内での写真撮影など自由にできるのが当たり前だ。アメリカでは、裁判を大々的にテレビ中継までしている。日本国憲法（第八二条）にも《裁判の対審及び判決は、公開法廷でこれを行ふ》とあるのだが、法廷内撮影は一つのチャレンジではあった。

新聞や雑誌は毎週何十本、年間何千本もの〝非マンネリ〟に挑戦しなければならない。だが、今の新聞や雑誌には、〝非マンネリ〟に挑戦するという自覚があるのだろうか。

自民党の中川昭一氏が、G７での酩酊《めいてい》会見のせいで財務大臣を辞任した（二〇〇九年二月一七日）。彼の酒癖が悪いことは、番記者たちは先刻承知だったはずだ。酩酊会見の直前にも、読売新聞の女性記者が酒を飲んでいる中川氏と一緒だったことがわかっている。

新聞記者がそういうことに一切斬りこまず、「友だち一〇〇人できるかな」的仲良しクラブの記事しか書かないなら、記者クラブの仲間に入れてもらえない週刊誌がどんどん突っこんでいけばいい。「政治家に美女をはべらす記者クラブ」という記事だっていい。それができなければ、ジャーナリズムどころかいつまでもマンネリズムのままである。

第一〇章

有料ジャーナリズムの終焉？

一五七万部から七万部に落ちた「サンデー毎日」

有料ジャーナリズムが終焉《しゅうえん》しつつあるらしい。

本当だろうか。

そのようにも見える。

昭和三四年の四月、最盛期の「サンデー毎日」は、なんと一五七万部も出ていた。それが今や、七万部まで落ちこんでいる（日本ABC協会調べ、以下同）。

喩《たと》えれば、かつて月収一五七万円だった人が月収七万円に落ちこんでしまったようなものだ。あるいは年収一五七〇万円でブイブイ言わせていた人が、年収七〇万円にまで落ちこむ。個人で考えれば、生活が成り立つはずがない、ありえない状態だ。ここまで部数が落ちながら、廃刊せずに耐えているのは、私には奇跡にしか思えない。

「サンデー毎日」に限らず、各週刊誌は軒並み大幅に部数を落としている。九六年上期、「週刊現代」は七四万部、「週刊ポスト」は八七万部、「サンデー毎日」は二一万部だった。それが二〇〇八年下期の数字を見ると、「週刊現代」は二五万部、「週刊ポスト」は三〇万部に落ちこんでいる。頭打ちどころか、恐ろしい急角度での激減だ。

新聞では危なくて書けないようなネタを、敢えて週刊誌が書く。週刊誌はそれなりの裏づけは取るが、時々大げさに書いたり失敗もしてしまう。リスクを冒してスクープを飛ばせば、かつては必ず部数に結びついた。たまに名誉毀損裁判を起こされても、せいぜい数十万円の賠償金を支払えばいい。そんな時代は今や完全に終わり、週刊誌にとっては厳しい時代が到来している。

部数が落ちているのは、総合週刊誌にとどまらない。「週刊少年ジャンプ」は、七〇〜八〇年代以降着実に部数を伸ばしてきた。九四年三月発売の号は、六五三万部という空前の最高部数を記録している。このころは、ほとんど毎週お札を刷っていたようなものだろう。その後部数は激減し、二〇〇六年には三〇〇万部を割りこんでしまった。たった一〇年余りで部数が半分以下に減ってしまったわけだ。

講談社の月刊マンガ雑誌「モーニング・ツー」は、ホームページで全ページ無料公開を始めた（http://morningmanga.ccm/twofree/）。二〇〇九年五月発売号から三カ月間は、なんと発売当日に全ページを見せてしまう。二〇〇九年八月発売号から九カ月間は、一カ月遅れで順次無料公開していくそうだ。

コンビニや本屋では一冊四二〇円で売っているマンガ雑誌を、ネットでは無料で読ませてしまう。

これは一つの実験なのだろう。ネットで無料公開すれば、今までマンガ雑誌を手に取らなかった「ネット住人たち」を読者に引き入れることは、ある程度できる。紙媒体が逆風の時代に、まずは読者の裾野を広げる。その効果は確かに見込める。その結果、コミックスの売上が増えればいいという考えなのだと思う。

座して死を待つよりは、やれることに挑戦する。「買わぬなら　買わせてみせよう　ホトトギス」という志と行動力を、私は高く評価したい。マンガ業界のパイオニアである講談社の、そして自分たちのつくる紙媒体の雑誌に自信と誇りを持った編集部の、勇気ある決断ではあったと思う。

しかし、ネットでの全ページ無料公開は、紙媒体にお金を払う人によって支えられている、という理不尽さに紙の読者がいつまで堪えられるか。

ｉＰｈｏｎｅで、紙面のすべてがそのまま無料で、二〇〇八年一二月から公開され始めた産経新聞も同様だ。残念ながら、記者や編集者のタダ働きに、いつまでも会社がもちこたえられるはずがない。

定期購読者三万人で儲けるビジネスモデル

バブリーだったかつての「週刊文春」の話を聞いたことがある。ミック・ジャガーが来日すると聞けば、ホテルオークラのスイートルームを一カ月も押さえてしまう。そんなことを平気でやりながら、スタッフはジャブジャブ好き放題にカネを使っていた。バンバン雑誌が売れて儲かっている時代にはそれで良かったかもしれないが、今や「週刊文春」とて五〇万部を切るかどうかというところまで部数が落ちこんできた。売上が落ちるだけではない。最近は高騰する訴訟費用も、収支のリスク要因になっている。

せっかくの特ダネがあっても、名誉毀損で訴えられることを恐れて記者が萎縮すれば、誌面からは活気が失われ、読者の数も減っていく。訴訟圧力、読者減と、二重の責め苦状態だ。

その中で、意外に元気なのが「週刊金曜日」だ。定期購読が主体の雑誌であり、企業広告に依存していないのでスポンサーに配慮する必要もない。週刊誌の編集長が大勢集まったシンポジウムでも、「週刊金曜日」編集長は元気いっぱいだった。

「『週刊金曜日』は基本的に広告を取っていないので、クライアントへのタブーがない。政治家は恐くないし、警察や検察の悪口は年中書いている。なので度胸はあるが、カネはない(笑)」

「僕はこれからも、訴えられたら逆に訴えるつもり」

「これからはセブン-イレブンだけではなく、トーハンや日販の悪口を書いていく」

(ウェブマガジン「Business Media 誠」のレポートより抜粋 http://bizmakoto.jp/)

「週刊金曜日」以外にも、小部数でがんばっている雑誌はいくつかある。「三万人のための総合情報誌」を標榜《ひょうぼう》する「選択」も、その一つだ。この雑誌は基本的に書店には置かれず、定期購読者に直送される。かなりおもしろい。無署名の場合がほとんどなのだが、新聞には決して載らないディープな記事がたくさん載っている。しかも、内容はかなり正確だ。

どうも新聞記者が自社媒体で書けない記事をアルバイトとして書いているようである。ガードの堅い一部上場企業について、フリーライターがイチから取材するのはなかなか大変だ。記者クラブに加盟し、社長にもしょっちゅう会って裏話を聞いている。財務諸表もよく見ている。そんな新聞記者であれば、確度の高い記事を書ける。日ごろ新聞には書けない記事を、ガス抜きのような形で他社の媒体に提供する。

「選択」以外に、「FACTA」「フォーサイト」といった会員制月刊誌もある。これらの雑誌は、二万～三万人の手堅い年間定期購読の読者がいれば経営が成り立つ。何十万部も出ている週刊誌が廃刊の瀬戸際にある一方で、三万部に限定した「選択」のような雑誌はなかなかつぶれない。ここに次代のビジネスモデルとしてのヒントがある。

黒字のまま休刊した「噂の眞相」

「噂の眞相」というスキャンダル専門の月刊誌が、二〇〇四年に休刊した。ほとんど広告も入れず、雑誌の売上による利益だけで最後まで黒字だったそうだ。黒字のまま終わったという意味では、「現代」「論座」「月刊PLAYBOY」の休刊とは意味合いが違う。

「噂の眞相」は、業界からのチクリ情報をもとに記事を作っていた。うちのマンションに××が住んでいて、三日にいっぺん誰か恋人を連れこんでいるようだ。そんな情報をチクられたほうはたまらない。チクリ情報だけで記事を書くのではなく、たとえ逃げられてしまおうが、本人に取材をかけていたところも「噂の眞相」の特徴だった。アリバイ的に本人取材をやっていただけなのかもしれないが、ともかく悪意をもった記事が載ることを当人にアナウンスはしていた。

所詮は噂話をもとにした記事ばかりだし、記者の取材のレベルが高かったとも言えない。だが、楽しい雑誌には違いなかった。知り合いの話が出ていたりすると、不謹慎ながら読むほうとしてはワクワクしてしまう。私の仕事場の書庫にも、未だにバックナンバーが保存してある。

「噂の眞相」は、芸能界やマスコミ、文壇で飛び交う噂話について、ヨソの雑誌がまったく書かないネタを記事にしていた。文章で食っている人間の悪口をネタにしていた雑誌なので、なくなってくれて正直ほっとしている物書きは少なくないだろう。しかし、読者がゴシップ欲を満たしてガス抜きできる雑誌がない社会は、ちょっと不健康かもしれない。

黒字のまま、編集長の意思で休刊した「噂の真相」は、企業体としても雑誌媒体としても、非常に理想的な幕の引き方をしたと思う。

人間と同じで、雑誌にもそれぞれ寿命がある。人間だって、惜しまれながら死ねれば本望だ。死後に「あいつが死んでも誰も悲しんでないぞ」と言われるのはどうかと思う。そこそこニーズがあるうちに消えていく死に方は、人間にとっても雑誌にとっても自然な感じだ。

財閥といってもせいぜい一二〇年程度しか歴史はないし、多くの企業は三〇年もすれば寿命は尽きる。日本人の寿命だって、延びたとはいえ八〇年前後だ。人間も企業も惜しまれつつ、役割を終えたときにはいつか亡くなる。雑誌だけがいつまでも生き長らえると思うほうがよほどおかしい。

雑誌がつぶれると、すぐ「高額訴訟と権力の弾圧のせいだ」と被害妄想に陥る人がいる。実際には販売努力が足りなかったり、単に役割を終えただけだったり、寿命が尽きただけなのではないか。

私の同業者では、月刊「現代」を復刻させようとしてシンポジウムを開いたり、「現代と私たち」という雑誌を自費出版までしている人たちがいる。彼らの気概はわかるけれども、やれることがあるなら雑誌がつぶれる前にやろうよ、と思う。

雑誌ジャーナリズムは死なない

評論家の坪内祐三さんが、「雑誌ジャーナリズムは死なない」という文章を書いている。

《いかにインターネットが普及しようとも、例えば雑誌という媒体が消失してしまったなら、歴史を上手に振り返ることはできない。

明治大正の歴史(特に文化史)の流れの把握に対して私はそれなりの自負心を持っている。

その力を私は早稲田大学中央図書館の雑誌バックナンバー書庫で鍛えた。

たとえば明治時代に絞ると、『太陽』や『日本及日本人』、『中央公論』などの総合誌を中心に、別に具体的なテーマがあるわけでなく、アット・ランダムに二~三年分を棚から取り出し、目次を眺め、面白そうな記事(無署名コラムも見逃せない)を読んだりコピーした。

その作業(というより私にとってお楽しみ)を繰り返す内に、明治は身近なものになり、個々の時期へのパースペクティブを持てるようになった。》(「新潮45」二〇〇九年六月号)

坪内さんは早稲田大学のOBだから、早稲田の大学図書館には自由に通うことができる。早稲田に限らず、多くの大学図書館は一般公開されていない。早稲田大学中央図書館のおかげで明治が身近なものになったと言われても、実際にはほとんどの人はその入り口に立てない。

《つまり、文書資料だからこそ、歴史を、その同時代性と共に把握することができるのだ。そのために雑誌はまだまだ、いや今こそ、必要なのである。》（同）

坪内さんとは同年代だからその心情はわかるが、稀有《けう》な個人的体験をもとに「雑誌ジャーナリズムは死なない」と言われても、ちょっと困ってしまう。

六〇年代後半、「右手に『朝日ジャーナル』、左手に『少年マガジン』」と言われた時代があった。団塊《だんかい》の世代前後の人たちは、かつて「朝日ジャーナル」や「少年マガジン」、あるいは「平凡パンチ」のような雑誌をこぞって読んでいたわけだ。それよりもっと上の世代を見れば、お風呂の薪《まき》をくべながら「世界」を読んでいたという話も実際にある。

かつて、坪内さんのように活字に飢えている人だらけの時代は確かにあった。しかし、時代は様変わりした。「アサヒ芸能」を熱心に読んでいる一〇代は、なかなか見かけない。表紙に「怒りの復活」と印字された「朝日ジャーナル」（創刊五〇周年記念増刊号、二〇〇九年四月発売）を右手にもち、左手に「中央公論」をもっている大学生がいれば、ぜひ坪内さんと握手してもらったほうがいい。

坪内さんとは違った意味で、私は「雑誌ジャーナリズムは死なない」と思っている。新聞が、相変わらずタテマエに終始しているからだ。ホンネの部分を記事に書けない記者たちには、鬱憤《うっぷん》が溜まっていく。だから彼らは週刊誌に情報を提供するのだし、「選択」や「FACTA」のような雑誌に自ら匿名で記事を書いたりもする。雑誌が情報の受け皿として機能しているのである。

読者にとってみれば、雑誌を読まなければ核心の情報に触れることはできない。足利事件にしても政治家のスキャンダルにしても、一番ディープな情報は新聞には載らない。週刊誌や月刊誌の部数が落ち、休刊していく流れを止めるのは難しいとは思う。だが、三万部程度の小部数の月刊誌が簡単に消えることはない。大部数から小部数へと分化しながら、雑誌はこれからも生き残っていくだろう。

誰も唯一の重要な質問をしない草彅さんの記者会見

ＳＭＡＰの草彅剛《くさなぎつよし》さんが酔っぱらって公園で裸になり、公然猥褻《わいせつ》罪で逮捕された（二〇〇九年四月二三日）。一カ月の謹慎を経て、草彅さんは芸能界に復帰している。復帰会見は、五月二八日にフジテレビで開かれた。会見場から、ＮＨＫや週刊誌の記者は排除されている。

復帰会見の場では、記者からひとことも「アルコール」について質問が出ていない。今回の問題は、アルコールを飲みすぎたこと以外の何ものでもない。そのことは周知の事実のはずなのに、「どんなことを考え、どう過ごしてきたのか」「メンバーにはどんな話をしたいか」「家ではどんな運動をしていたか」といった無難な質問しか出ていない。居並ぶ記者の誰ひとりとして、アルコールの質問を口にしないのだ。

ＳＭＡＰのファンの人たちは、「剛は誠実だ。戻ってきてくれてよかった」「あんなことくらいで、ビニールシートに包んで逮捕までするのはひどい」と怒っているのだろう。だが、通報があれば、公然猥褻犯は現行犯として逮捕される。港区の公園で裸になっていたら、有名人であろうがなかろうが一〇〇％捕まる。新聞や週刊誌は、まずこのことをきちんと解説する必要がある。

逮捕されても文句は言えないとはいえ、公然猥褻罪が人生を棒に振らなければならない重大な犯罪だとも、私は思わない。草彅さんが芸能界に復帰することにも、何の異論もない。でもなぜ復帰会見の場で、記者たちは、誰一人としてアルコールについて訊かなかったのか。

ジャニーズ事務所がそのように規制したのか。

それとも、ただ単に記者がアホだっただけなのか。

もし一つだけ質問が許されるとしたら、草彅さんへの質問は「これからお酒とはどうつきあいますか？」ということ以外、ないではないか。

箝口令《かんこうれい》が敷かれていようが、周囲が自主規制していようが、なぜ質問する記者がいなかったのだろう。こうした日本のメディアの姿には、中国や北朝鮮、キューバや旧東欧諸国のメディアと共通するものを感じる。欧米ではありえない。日本のメディアは、世界的に見て相当に後進的ということだ。

記者クラブに蔓延する奇妙な暗黙のルール

九一年五月七日、ＩＯＣ（国際オリンピック委員会）のサマランチ会長が長野を初めて訪問した。長野は当時、冬季五輪の候補地として手を挙げている真っ最中だ。長野訪問中、サマランチ会長の横には西武鉄道グループの堤義明さんが張りついていた。オリンピックに立候補しているのは長野市なのに、長野市長や長野県知事は端っこにいる。なぜ堤さんのほうが県知事や市長より偉いのか。

会見場にいた私がそのことを質問しようかなあとつぶやいたら、近くにいた新聞記者からあわてて止められた。

「そんな質問をしたら大変なことになる」

「どう大変になるのか」

「とにかくやめてくれ。記者クラブ以外のフリーライターを会見場に入れただけでも、異例なのだ」

私は半分冗談で言っているのに、新聞記者は本気で心配している。記者会見の場で、質問して良いことと悪いことが初めから決められている。ペーパーで禁止事項が回覧されているわけでもなく、暗黙のルールになっているのである。そんな妙な慣習が記者クラブにあることは、長野オリンピックで初めて知った。この伝統は、今でも脈々と受け継がれている。

草彅さんの復帰会見のときにも、きっと同じような暗黙のルールが会見場全体を支配していたのだろう。

「終わった」と悲観するにはまだ早い

雑誌メディアを取り巻く環境は、劇的に変化を続けている。坪内祐三さんの同世代にあたるフリーライターの大泉実成《みつなり》さんは、まだオウム真理教が元気だったころに上九一色《かみくいしき》村のサティアンで密着取材をしていた。その大泉さんが、自宅に帰ってきてひどくショックを受けたことがある。

《どうもオウム内では、上祐新体制をめぐり、キナ臭い動きが続いているらしい、と妻が教えてくれる。

最近奇妙な逆転現象が起こっていて、毎日のように現場に取材に出ている僕より、子育てのため一日中家にいてテレビをつけっ放しにしている彼女の方が、どういうわけかはるかにオウム問題に詳しく、情報も早いのだ。
解説によればこうである。[……以下略、奥さんによる説明が続く]》(「宝島30」九五年七月号)

その後、今度はネットメディアが急速に発達し始めた。インターネットを通じて無料でたくさんの情報を受信できるだけでなく、情報を握る当事者が自らニュースを発信できるようになった。かつては、殺人事件が起きたときに犯罪被害者が自ら情報を発信するのはハードルが高かった。そんな時代には、情報発信の特権は取材者に集中していた。

新聞記者たちは記者クラブを通じて情報を仕入れ、コストをかけて現場取材を重ねる。そうしてまとめた記事を、読者におカネを出して買ってもらうマーケットが成立していた。誰でも無料で情報を送受信できるようになれば、取材・執筆をメシの種にしている人間が食い詰めるのは当然の流れだ。

文筆業者にとってアマとプロの分岐点とは、①取材やインプットのために経費を使えるか、②アウトプットを有料にできるか、という二点に集約される。

産経新聞はインターネットで、「法廷ライブ」を公開している。秋田連続児童殺害事件やバラバラ殺人事件のような話題性のある事件につき、記者が法廷で取った公判メモを次々と流していくものである。紙面に載った記事だけでなく、紙面に載らない細かい情報まで無料で公開してしまう。もちろん記事を書いているのは、会社から給料をもらっている新聞記者だ。「法廷ライブ」は有料サイトではないため、取材や執筆にかかった経費を回収できるわけではない。紙面の無料公開と同様、先行きが心配になってしまう。

事件報道にせよ芸能報道にせよ戦争報道にせよ、ジャーナリズムには手間と人とカネがかかる。全体としてペイするよう、購読料や広告費から経費を回収していくか。それとも、気前のいいスポンサーについてもらうか。あるいは国営化するか。カネの入りと出の辻褄が合わなければ経営が成り立たないのは、今も昔も変わりはない。

たくさんの購読者がいた時代、広告が潤沢に入っていた時代と同じモデルのままでは、かつてと同じアウトプットを続けられるわけはないのだ。ではメディアや取材者たちは、これからどうやって生き残っていけばいいのか。

イラク戦争が起きたとき、ネット上で取材費を募集するジャーナリストがアメリカに出現した。自分がどんな取材をしたいかを公にし、寄付を募る。取材の成果は、寄付金を出してくれた人たちにフィードバックする。メジャーな有料媒体に記事を発表できたときには、株主配当のような形で寄付金を一部返す。これは、フリーランスの取材者が生き残っていくための一つのアイデアではあった。

またメディアが危機に瀕していると言っても、三万部の小部数で充分ペイしている媒体はある。先に紹介した男性向け硬派雑誌以外にも、ペットブームに乗じて堅調な「ねこのきもち」や「いぬのきもち」のような雑誌だってある。「すてきな奥さん」「ＪＵＮＯＮ」「ＮＨＫためしてガッテン」などの雑誌を発行している主婦と生活社は、二〇〇九年に入ってから五カ月間で雑誌の実売率を前年の一・五倍まで激増させた。

「有料ジャーナリズムは終わっている」と悲観するには、まだ早い。

あとがき

大臣や大物政治家のまわりには、いつも番記者が大勢つきまとっている。

彼ら彼女らは、いったい何をしているのだろう。

どうやら思考停止型吸盤種の一種らしい。

ストーカーが一〇人も二〇人も張りついてしまう政治家とは、つくづくご苦労さんとしか言いようがない商売である。その無駄な行為に対して敬礼をしておきたい。

その吸盤行為が、いかなる「知る権利」と「読者の満足」と「会社の経営」に利しているのだろうか。そんな時代は、とうに終わっているというのに。

なぜ、そんな行為を毎日一二時間以上も続けていて、今も給料が出るのか、よく考えてもらいたい。

いわゆる番記者に、最近若くて美しい女性（各社比）が増えている。コワモテの政治家たちも、どうせピッタリ吸盤のように張りつかれるなら男よりも若い女性のほうが嬉しい——という爺様たちが今も政治の中枢に居座っているからだろう。

そういえば自民党に対して「総裁候補ならば」と言ってのけ、つまり知事職を途中で投げ出す可能性を隠さなかった宮崎県の東国原《ひがしこくばる》知事の自宅に、かつて日本テレビの女性記者がお泊まり取材してしまったことがあった。情を通じた取材が交わされたわけではないと知事は否定していたが、独身同士だからよいのかもしれない。

明治時代の新聞であれば、関係者全員に直撃取材して、こういう下世話な話題について一面トップで報じてしまうのだと思う。朝日新聞や読売新聞の人たちも、たまには東スポのノリで思い切った記事を書いてみてもいいのではないか。朝から晩までストーカーをやっているのだから、政治家の酒癖の悪さやら、女性関係のだらしなさやら、きっと詳しいだろう。

週刊誌に裏でネタを流しているだけでなく、自らどんどん書いてしまえばいいと思う。

新聞や雑誌は以前より売れなくなってきている。しかし、全部が滅びることはありえない。部数を伸ばしている月刊誌も少なくない。三〇年先、一〇〇年先にも、きっと紙の活字は残っているはずだ。

海外旅行でしばらく日本を離れてみれば、誰だって日本語が恋しくなる。飛行機の中で久しぶりに日本語の新聞を手に取り、懐かしくなったり、貪《むさぼ》るように読んだ経験は私にもある。おもしろく、深ければ、読む人は必ずいる。

形を変えながら、メディアはしぶとく生き残っていくだろう。悲観ばかりするのは、精神衛生上よろしくないだけでなく、根源的に間違っている。

本書は、「ガッキィファイター」の読者向けに企画した「緊急日垣塾」（二〇〇九年五月二三日）の講義録をたたき台として、すべて書き下ろした。当日語り足りなかった話を三倍ほど補強し、新しいニュースや新たに謎が解けた素材を締め切りギリギリまで盛りこみつつ、全面的に加筆・修正している。私としても前代未聞の超短期スケジュールへの挑戦だったにもかかわらず、企画と進行には幻冬舎の小木田順子さんの「いつもは優しいのに締め切りだけは鬼」のごとき采配と、記録や取材や立論補強のため徹夜も辞さずに労を惜しまなかった荒井香織さんのご協力なしに、本書は完成しなかった。

メールマガジンから派生した有料イベントをきっかけとして、会場からの数多くの質問や反応も、まさに双方向的な貴重な機会と捉えつつ、こうして新書が一冊できあがった。

明治時代から最近まで考えられなかった、ネットとライブと独自調査をミックスした出版の新しい形である——かもしれない。

二〇〇九年　盛夏

日垣　隆

著者略歴

日垣　隆《ひがきたかし》

一九五八年、長野県生まれ。作家・ジャーナリスト。新聞・雑誌・書籍のほか、ラジオ番組のホスト、海外取材等、多方面で活躍。

『そして殺人者は野に放たれる』（新潮文庫、新潮ドキュメント賞受賞）、『ラクをしないと成果は出ない』（大和書房）、『裁判官に気をつけろ！』（文春文庫）、『「無駄な抵抗はよせ」はよせ』（WAC　BUNKO）、『すぐに稼げる文章術』（幻冬舎新書）など著書多数。

公式サイト「ガッキィファイター」http://www.gfighter.com/

幻冬舎新書 136

秘密とウソと報道

二〇〇九年七月三十日 第一刷発行

著者 日垣 隆

発行人 見城 徹

編集人 志儀保博

発行所 株式会社 幻冬舎

〒一五一-〇〇五一 東京都渋谷区千駄ヶ谷四-九-七

電話 〇三-五四一一-六二一一(編集)

〇三-五四一一-六二二二(営業)

振替 〇〇一二〇-八-七六七六四三

ブックデザイン 鈴木成一デザイン室

印刷・製本所 株式会社 光邦

Printed in Japan ISBN978-4-344-98136-2 C0295

ひ-1-2

幻冬舎ホームページアドレス http://www.gentosha.co.jp/

*この本に関するご意見・ご感想をメールでお寄せいただく場合は、comment@gentosha.co.jp まで。

幻冬舎新書

藤井聡
なぜ正直者は得をするのか
「損」と「得」のジレンマ

利己主義者が損をして不幸になり、正直者が得をして幸せになることを科学的に実証！　どんな性格の人が結果的に得をし、幸せになれるのか。生きる上で重要なヒントを与えてくれる画期的な論考。

日垣隆
すぐに稼げる文章術

メール、ブログ、企画書etc.　元手も素質も努力も要らない。「書ける」が一番、金になる――毎月の締切50本のほか、有料メルマガ、ネット通販と「書いて稼ぐ」を極めた著者がそのノウハウを伝授。

上杉隆
ジャーナリズム崩壊

日本の新聞・テレビの記者たちが世界中で笑われている。その象徴が「記者クラブ」だ。メモを互いに見せ合い同じ記事を書く「メモ合わせ」等、呆れた実態を明らかにする、亡国のメディア論。

手嶋龍一　佐藤優
インテリジェンス　武器なき戦争

経済大国日本は、インテリジェンス大国たる素質を秘めている。日本版NSC・国家安全保障会議の設立より、まず人材育成を目指せ…等、情報大国ニッポンの誕生に向けたインテリジェンス案内書。